ars vivendi

Silvana Cozzuto

Es schmeckt wie ein Gedicht

Kulinarische Verse und Rezepte

ars vivendi

Originalausgabe
Erste Auflage 2008

www.arsvivendi.com

Grafische Gestaltung: Mirjam Schuster, www.pulssprung.de
Umschlaggestaltung: Mirjam Schuster
Redaktion: Dr. Hanna Stegbauer
Druck: Passavia Druckservice GmbH & Co. KG, Passau

Printed in Germany
ISBN 978-3-89716-921-0

Meinem Mann Joachim,
dem Kompass meines Lebens.
Ohne seine Unterstützung,
seinen Rat und seine Kritik
hätte ich den Weg zu diesem
Buch und zu mir selbst niemals
gefunden.

Inhaltsverzeichnis

Auftakt

Liebe Genießerinnen und Genießer,

würde die Liebe zur Heimat durch den Magen gehen, dann hätte die Mehrheit der Deutschen die falsche kulinarische Staatsangehörigkeit. Seit den großen Urlaubszügen der 1960er Jahre gehört es nördlich der Alpen zum guten Ton, eine Kenntnis von Italiens Nationalküche vorzuweisen, die das Wissen jedes Bewohners des Stiefels übersteigt. Aber stimmt tatsächlich alles, was wir über die Gaumenfreuden der Mailänder, Römer oder Kalabresen zu wissen glauben?

Dass die Rezepte Silvana Cozzutos keinen Balsamico kennen, ist bezeichnend und zeugt von einer begrüßenswerten Resistenz der in Neapel aufgewachsenen Expertin für die feinen regionalen Unterschiede gegen Modetrends. Jenes Italien, das Silvana Cozzuto in diesem Buch einfängt, ist nicht das Land, in dem die Nordeuropäer schon vor 200 Jahren genau das Arkadien fanden, das sie sich vor ihrer Abreise ausgemalt hatten. Wie die Gedichte zeigen, war es das Ansinnen der Kosmopolitin – die aus der Heimat des Eine-Hand-wäscht-die-andere und der Mafia emigrierte und immer wieder ins Land der sonnenverwöhnten Zitronen, Tomaten und Weine zurückgekehrt ist –, das Selbstgefühl ihrer Landsleute selbst einzufangen. Genauer gesagt: die Lebens- und Überlebensfreude der Menschen des Südens.

In ihren Rezepten nutzt Silvana Cozzuto hierzu die Fülle der mediterranen Natur und die Raffinesse des Originalen und Typischen. Da auch die Sprache dem Menschen über die Zunge geht, erweisen sich die Gedichte als eine naheliegende Würdigung jener Zutaten, die Silvana Cozzuto in ihren Kochtöpfen opfert, um den Hunger des Nordens nach italienischer Lebenskunst zu stillen.

In diesem Sinne: Essen und lesen Sie gut!

Martin Droschke

Pranzo festivo

Antipasti **Ouvertüre**
Mit Leichtigkeit und Frische –
Lachstürmchen auf einem Geflecht von grünem Spargel
sind leicht zu bewältigen.

Ein Sonnendreieck erhellt die weiße Tischdecke,
dort, wo der Teller stand.

Besteck glitzert verwaist, Gläser strahlen einsam.
Eine freundliche stille Hand füllt die Leere.

Hauptgang **Variazioni sul tema**
Auch ein Ciabattabrötchen kann eine Seele haben,
wenn auch mit einem Pilzragout gefüllt.

Eine große obszöne Muschelnudel schämt sich nicht,
so offen da zu liegen und ihr Inneres zu zeigen …
aber es ist alles nur Käse!

Mit gebündelten Kräften halten Reiskörner
Steinpilze gegen ihren Willen fest.

Die Sonne hat sich jetzt ein anderes Opfer gesucht:
deine Krawatte mit den Soßenspritzern!

Pause
Mit roten Wangen lehnst du dich in deinem Stuhl zurück.
Heiße Gespräche und Silberklänge,
frischer Wein und schnalzende Zungen,
Festlichkeit und Heiterkeit rundherum.
Nur du bist allein bei deinem Kampf.

Zweiter Gang **lento**
Die Dorade steckt mit den Jakobsmuscheln
unter einer grünen Kräuterdecke.

»Wir sind doch nicht von gestern«,
mahnen sie dich,
»und das hier ist ein Gewaltmarsch und kein Spaziergang!«
Der Fisch stellt sich tot.
Rundherum schlummernde Zitronenscheiben und
darniederliegende Petersilie:
der wohlwollenden Neutralität verpflichtet.

Intermezzo
Du verlangst nach einer Waffenruhe.
Zeigst dem Kellner deine guten Absichten.
Lässt Messer und Gabel
neben den sterblichen Überresten des Fisches fallen.
Und gleich hagelt es Zitronensorbet!

Dritter Gang Grave
Der Wein im Glas prickelt herausfordernd.
Der Kellner, Schurke und Handlanger,
platziert ein stattliches Perlhuhn genau in das Sonnendreieck.

Martialischer Cäsar im bronzenen Brokatmantel,
in der Mitte seines weißen Schlachtfeldes mit Goldrand
hebt er bedrohlich seine Keulen.

Die Gabel ist fertig zum Duell.
Das Messer, kampflüsterner Sekundant,
leistet Beistand.

Die Handgreiflichkeit der Zinken
hat eine Fettkanonade zur Folge,
der fallen deine Gucker zum Opfer:
Auch das Auge isst mit!

Nach längerem Tauziehen,
was bleibt übrig von Stolz und Übermut?
Klägliche Knöchlein und ein paar Fetzchen Fleisch
in schlammigen Soßenresten!

Nachtisch Gran Finale
Feierliche Bisquitkekse begrüßen Dich
aus einem Ring von Sahnehäubchen.

Eine in ihrer Wichtigkeit aufgeblasene kandierte Marone
thront oben drüber und überreicht Dir stolz den Siegerkranz.

Der Triumph hat einen süßen Geschmack!

Die Rechnung Gran lacrimosa
Eine verschwörerisch ruhige Hand beweist Geschmack und
legt diskret ein fein gearbeitetes Kästchen vor Dich hin.
Aufmachen und bitter feststellen,
dass immer die kleinen Soldaten
für den Krieg teuer bezahlen müssen!

Focaccia con la scamorza, Minestra di cipolla e porro, Crema di zucca, Zuppa di zucca gratinata, Crema di funghi con piccoli bignès di zucca, Peperoni ripieni di verdure, Cestini di pomodori, Pomodori ai sapori del sud, Pomodori ripieni, Ripieno alla ligure, Asparagi in salsa d'uova, Asparagi verdi con uova di quaglia, Panna cotta di asparagi bianchi, Ciambella di ricotta e verdure, Sformatini di zucca, Tortini di zucca, Sformatini di zucchini e gruviera, Tartellette ai cavolini di Bruxelles, Tartellette con pere, noci e gorgonzola, Nidi di puré ripieni di funghi e fegatini

Vorspeisen
Antipasti

Fladenbrot mit Scamorza-Käse

Focaccia con la scamorza

Für 6 Personen:

700 g Pizzateig
1 grüne Paprikaschote (fertig geputzt)
2 Strauchtomaten
1 Zucchini
Olivenöl
Basilikum
300 g Scamorza-Käse, in Scheibchen geschnitten
Salz und Pfeffer

Zeitaufwand: 60 Minuten + Abkühlzeit

Zubereitung:

Den Pizzateig auf einem geölten Backblech fingerdick ausrollen, mit Öl bepinseln und an einem mäßig warmen Ort ruhen.

Inzwischen die Paprika und die gehäuteten und entkernten Tomaten würfeln, Zucchini in feine Scheiben schneiden. Alles zusammen in eine Schüssel geben, mit Salz, Pfeffer und fein geschnittenem Basilikum würzen (einige Basilikumblätter für die Dekoration aufheben), etwas Öl feinfädig darüber träufeln und ca. 30 Minuten marinieren lassen.

Den Teig mit der Gemüsemischung bedecken und bei 220 Grad 25 Minuten backen. Vom Blech nehmen, abkühlen lassen und in Stückchen schneiden.

Darüber die Käsescheiben anrichten und mit Basilikumblättchen garnieren.

Tipp:
Eignet sich sehr gut als Antipasto oder als Häppchen zu kühlem Weißwein.

Zwiebel-Lauch-Suppe

Minestra di cipolla e porro

Für 4 Personen:

160 g Zwiebeln
80 g Lauch
12 dünne Frühlingszwiebeln
40 g Karotten
40 g Bleichsellerie
8 EL Olivenöl
Salz und Pfeffer
(Gewichtsangaben für küchenfertiges Gemüse)

Zeitaufwand: 20 Minuten

Zubereitung:

Zwiebeln und Lauch klein schneiden und in Salzwasser blanchieren. Abgießen und in einem Topf mit 4 Esslöffeln Öl ein paar Minuten vorsichtig dünsten, dann mit 800 ml Wasser auffüllen, zum Kochen bringen und 5 Minuten kochen. Alles mixen und mit Salz und Pfeffer abschmecken.

In der Zwischenzeit Karotten und Sellerie in sehr feine Streifen (Julienne) schneiden. Die Frühlingszwiebeln im restlichen Öl weich dünsten und anschließend mit Salz würzen. Frühlingszwiebeln und die Julienne in die Mitte eines Suppentellers geben, mit der Brühe aufgießen und servieren.

Aceto Balsamico

Wo warst Du vor den neunziger Jahren,
du duftende Essenz?
Modena kannte dich,
jedoch der Rest der Welt:
Scharen von Barbaren,
die nur Essig benutzten.

Du zogst aus,
die Wilden zu belehren,
wohlriechende Offenbarung,
vornehm, distinguiert,
den Gourmettempeln geweiht,
wie ein kostbares Parfüm
entsprangst du,
wie Venus aus der Muschel,
aus Sprühflaschen und Pipetten
und letztlich wurdest du für die Welt das,
was für die Römer das Garum[1] war.
Nicht mehr wegzudenken,
omnipräsent und nah,
selbstverständlich, natürlich,
dann schließlich alltäglich
und banal.

Wann kommt dein Epilog?
Wer übernimmt bald
deinen Staffelstab?
Nur ein Orakel
könnte Antwort geben
auf diese Fragen.
Sicher ist nur: Früh oder spät,
ein neuer junger Apicius[2]
erfindet schon Ersatz für dich.

Für die Welt
schneidert er dann
des Kaisers neuen Kleider,
alle gehen nackig
und er lacht sich krank!

[1] Für die Römer ein gängiges Gewürz in der allgemeinen und gehobenen Küche. Im römischen Kochbuch des Apicius wird Garum für die meisten Rezepte benötigt. Gemischt mit Sardellen, Wein, Essig, Pfeffer, Öl oder Wasser wurde Garum zum Verfeinern zahlreicher Speisen verwendet.

[2] Marcus Gabius Apicius, ein Feinschmecker, der zur Zeit des Augustus und Tiberius, also im goldenen Kaiserzeitalter, lebte, die Kochkunst mit eigenen Erfindungen bereicherte und ein berühmtes Kochbuch schrieb. Er ließ diese Kunst auch in von ihm gegründeten Schulen lehren, erschöpfte dadurch und mit seinem schwelgerischen Lebensstil sein ganzes Vermögen und nahm schließlich Gift aus Angst, hungers sterben zu müssen.

Würzige Rosenkohl-Tartellette

Tartellette ai cavolini di Bruxelles

Für 8 Personen:

Briséeteig:
300 g Mehl
300 g Butter
Mineralwasser mit Kohlensäure
Salz

Für die Füllung:
450 g Rosenkohl
1 Zwiebel
90 g gekochter Schinken
3 Eier
150 ml Milch
30 g geriebener Parmesankäse
Olivenöl
Salz und Pfeffer
getrocknete Erbsen

Zeitaufwand: 35 Minuten + 1 Stunde Ruhezeit für den Teig + 25 Minuten Backzeit

Zubereitung:

Eine Stunde vor Beginn Butter und Mineralwasser aus dem Kühlschrank nehmen.

Die weiche Butter, das Mehl, einen Becher Mineralwasser und eine Prise Salz, in wenig warmem Wasser gelöst, zu einem Teig kneten. Zu einer Kugel formen, in Klarsichtfolie einwickeln und 1 Stunde in den Kühlschrank stellen.

Die Rosenkohlröschen putzen und kreuzförmig einschneiden, 6 Minuten kochen.
Zwiebel klein schneiden, den Rosenkohl aus dem Wasser nehmen und zu den Zwiebeln geben, 8 Minuten weiterdünsten. Zuletzt den klein geschnittenen Schinken hinzufügen.

Eier mit Milch und Parmesankäse verquirlen, mit Salz und Pfeffer würzen.

Den Teig 2 mm dünn ausrollen. 16 feuerfeste Förmchen für Mini-Tartes (Durchmesser 6,5 cm) mit dem Teig auslegen und getrocknete Erbsen darauf verteilen, damit beim Backen der Teig keine Blasen wirft (»blindbacken«). Für 15 Minuten in den 180 Grad heißen Backofen geben.

Aus der Röhre nehmen, mit der Rosenkohlmasse füllen und die Eiermasse darüber gießen. Weitere 10 Minuten bei 180 Grad fertig backen.

Pilzcreme mit kleinen Kürbis-Bignès

Crema di funghi con piccoli bignès di zucca

Für 4 Personen:

Für die Creme:

1 Stange Porree
350 g Kartoffeln
500 g Mischpilze (z.B. Steinpilze, Stockschwämmchen, Birkenpilze, Champignons)
1,6 l Gemüsebrühe
3 EL Olivenöl extra vergine
Petersilie
Salz und Pfeffer

Bignès:

200 g Kürbis
50 g Butter
80 g Mehl
3 Eier
2 EL geriebener Parmesankäse
Muskatnuss
Salz und Pfeffer

Zeitaufwand: 60 Minuten

Zubereitung:

Creme:

Den in feine Scheiben geschnittenen Porree und die geschälten und gewürfelten Kartoffeln in Öl andünsten. Dann die ebenfalls in Würfel geschnittenen Pilze dazugeben, mit Gemüsebrühe aufgießen und 45 Minuten kochen lassen. Alles mit dem Mixer pürieren und gehackte Petersilie darüber streuen. Salzen und pfeffern.

Bignès:

Die Butter mit 50 ml Wasser und etwas Salz in einem kleinen Topf erhitzen. Sobald das Wasser zu kochen beginnt und die Butter geschmolzen ist, das Mehl auf einmal dazugeben und kräftig durchrühren. Wenn dieser »Teig« anfängt, sich vom Topfrand zu lösen, breitet man ihn zum Erkalten auf einem Schneidebrett aus.

Den Kürbis in ca. 4 cm dicke Scheiben schneiden, in Alufolie wickeln und 20 Minuten im Backofen bei 200 Grad garen. Auspacken, die Schale entfernen und das Fruchtfleisch durch ein Passiersieb streichen.

Den noch lauwarmen Teig in eine Schüssel geben, die Eier hinzufügen und mit einem Holzlöffel rühren, bis der Teig anfängt, sich vom Löffel zu lösen. Dann Kürbispüree und Parmesankäse dazugeben und mit Pfeffer und Muskatnuss würzen.

Den fertigen Teig in einen Spritzbeutel füllen und auf ein mit Backpapier ausgelegtes Blech kleine (etwa markstückgroße) Portionen pressen. 8 Minuten bei 160 Grad backen, bis die Bignès aufgegangen und schön gebräunt sind. Pilzcreme auf den Tellern anrichten und Bignès darauf verteilen.

Das italienische »bignè« ist im Wörterbuch leider als unübersetzbar angegeben. Dabei handelt sich jedoch um Brandteig. Der Name »Brandteig« kommt daher, dass bereits vor dem Backen ein Teil der Teigzutaten – Wasser mit Butter und Salz – zum Kochen gebracht wird. An sich ist der Brandteig sehr einfach und schnell zuzubereiten, allerdings muss er stark gerührt werden, was ein wenig Kraft erfordert. Ein elektrischer Mixer ist dafür gut einsetzbar.

Kürbiscreme

Crema di zucca

Für 4 Personen:

1 kg gelber Kürbis (geputzt und ohne Schale)
400 g Zwiebeln
40 g geriebener Parmesan
ca. 500-650 ml Gemüsebrühe (ggf. Instant)
40 g Butter
Muskatnuss
1 EL Olivenöl
Salz und Pfeffer

Zeitaufwand: 60 Minuten

Zubereitung:

Von dem Kürbis eine Scheibe abschneiden und in 24 kleine Dreiecke schneiden (für die Dekoration). Den übrigen Kürbis in Würfel zerkleinern.

Die Zwiebel in feine Scheiben schneiden und in Öl und 25 g Butter andünsten, die Kürbiswürfel dazugeben und mit der Brühe auffüllen. Salzen, pfeffern, etwas Muskatnuss darüber reiben und bei mäßiger Hitze 25 Minuten im geschlossenen Topf garen. Dann einen Esslöffel Butter zugeben und alles pürieren.

Die Creme in vier feuerfeste Förmchen verteilen, mit den Kürbisdreiecken dekorieren und reichlich Parmesan sowie einige Butterflöckchen darüber streuen. Unter dem Grill gratinieren und sofort servieren.

Tipp:

Gemüsebrühe sollte immer in großen Mengen zubereitet werden und im Kühlschrank für alle möglichen Rezepte (Risotto, Suppen u.s.w.) bereitstehen.

Dafür benötigt man: 2 Karotten, 1 Zucchini, 2 Selleriestangen, 2 Zwiebel, 2 Lauchstangen, 2 Petersilienzweige, 2-3 Kirschtomaten, 1 Lorbeerblatt, 3 Gewürznelken, 3-4 Pfefferkörner, 1 EL Salz. Das Gemüse gut geputzt, gewaschen und in groben Stücken mit 1-2 l Wasser in einem großen Topf auf dem Herd setzen und zum Kochen bringen, sofort die Hitze auf kleinste Stufe reduzieren und 1-2 Stunden köcheln lassen. In der Zwischenzeit braucht man nichts mehr zu tun und kann entspannt auf der Couch ein gutes Buch lesen!

Der Kürbis

Alte hässliche Hexe, in Vergessenheit geraten.
Altmodische Dame mit orangenem Reifrock,
grübelnd über vergangene Tage
und unmoderne Dorffeste,
lag sie im Staub.
Samen der Hoffnung
gingen in ihrem Herzen auf,
als eines Tages
ihre Stunde wieder schlug:
Ein junger Prinz mit fünf Sternen
nahm sich ihrer an –
sein Name heute für die Nachwelt vergessen,
eine Kochmütze schmückte sein Haupt,
seine Küche preisgekrönt.
Liebevoll küsste er sie wach,
zukunftsfroh päppelte er sie auf,
hoffnungsvoll wickelte er sie in neue Hüllen.

Einst alt, bodenständig und bescheiden,
jetzt jung, elegant und mondän,
rächte sie sich nun:

Mit Glanz und Gloria
hielt sie Einzug
in edle Gourmettempel
als Sonnengöttin der Herbsttage.

Gratinierte Kürbissuppe

Zuppa di zucca gratinata

Für 6 Personen:

1,8 l Gemüsebrühe
1 Stange Sellerie (ca. 60 g)
100 g Porree
80 g Karotten
180 g Kürbis ohne Schale und Kerne
80 g Grünkohl
(alle Gewichtsangaben beziehen sich auf das fertig geputzte Gemüse)
3 EL Olivenöl
Salbei
Rosmarin
1 Knoblauchzehe
Toastbrot
geriebener Parmesankäse
Butter
Salz und Pfeffer

Zeitaufwand: 90 Minuten

Zubereitung:

Sellerie in Stückchen, Porree und Karotten in Scheibchen, Kürbis in Würfel schneiden. Zuerst werden Sellerie, Porree und Karotten in 3 Esslöffeln Öl angedünstet, dann fügt man Grünkohl und Kürbis hinzu. Gemüse gut durchmischen, die Brühe auffüllen, mit Salz und Pfeffer würzen und zugedeckt ca. eine Stunde köcheln lassen.

Inzwischen Knoblauch, Salbei und Rosmarin in Olivenöl bei schwacher Hitze dünsten. Das Öl abseien, heiß der Suppe beifügen und in feuerfeste Suppentassen füllen. Mit einigen Toastbrotdreiecken dekorieren und geriebenen Parmesan sowie einige Butterflöckchen darüber streuen.

Unter dem Grill gratinieren und heiß servieren.

Kleine Kürbis-Aufläufe

Sformatini di zucca

Für 4 Personen:

400 g Kürbis
1 kleine Schalotte
200 g Ricotta
1 Lorbeerblatt
4 EL Olivenöl
2 Eier
3 EL Parmesankäse gerieben
1 Schuss Kürbiskernöl zum Dekorieren
Salz und Pfeffer
150 g Schnittsalatmix oder Babyspinat

Zeitaufwand: 25 Minuten Vorbereitung + 15 Minuten Backzeit

Zubereitung:

Den Kürbis in Würfel schneiden, die Schalotte fein hacken. In einer Kasserolle 4 Esslöffel Öl zusammen mit einem Lorbeerblatt erhitzen, Schalotte und Kürbis dazugeben, mit Salz und Pfeffer würzen und für 12 Minuten dünsten.

In einer Schüssel Eier, Parmesankäse und Ricotta mit der Kürbismasse vermengen, wenn nötig, nachsalzen.

Acht feuerfeste Portionsförmchen mit Butter ausstreichen und bemehlen. Die Masse hineingeben und für 15 Minuten in den auf 180 Grad vorgeheizten Backofen stellen.

Die Törtchen auf die einzelnen Teller stürzen, mit Kürbiskernöl beträufeln und mit Schnittsalatmix oder Babyspinat garnieren.

Kürbis-Muffins

Tortini di zucca

Für 4 Personen:

300 g Kürbis (ohne Schale)
100 g luftgetrockneter Speck
125 g Mehl
100 g Butter
1 Ei
100 ml Milch
20 g geriebener Parmesankäse
½ Päckchen Trockenhefe (für Brot/Pizza)
Salz und Pfeffer
Butter und Mehl für die Förmchen

Zeitaufwand: 20 Minuten Vorbereitung + 30 Minuten Backzeit

Zubereitung:

Eine Stunde vor der Verarbeitung Butter und Milch aus dem Kühlschrank nehmen und Zimmertemperatur annehmen lassen.

Kürbis und Speck in kleine Würfel schneiden und mit Butter andünsten. Salz und Pfeffer hinzufügen. Nach 3-4 Minuten vom Herd nehmen.

In einer Schüssel das Mehl mit der weichen Butter, Ei, einer Prise Salz, Milch, geriebenem Käse und Hefe zu einem glatten Teig verrühren. Anschließend die Kürbis- und Speckwürfel hinzugeben.

Vier Muffin- oder Souffléförmchen (am besten aus Silikon) mit Butter einfetten und gut bemehlen. Die Masse in die Förmchen verteilen und 30 Minuten im vorgeheizten Ofen bei 200 Grad backen. Mit einem bunten Salat als Beilage auf Portionstellern anrichten und servieren.

Die Tomate

Sie hat gut lachen, die Tomate:
kleine Samen aufgereiht,
kleine zarte Zähne,
wie zwischen fröhlichen Kinderlippen
herauslugend.
Die Alte Welt:
fade und gelangweilt,
bis sie aus der Neuen kam.
Pizza und Nudel bis dahin verwaist.
Basilikum ohne Verbündete.
Mozzarella verbittert und sauer
wie eine alte Jungfer.
Da platzte sie plötzlich
in die Küchen hinein
mit der Fröhlichkeit einer jungen Dame,
die auf einen Ball geht,
fest entschlossen, sich nicht
zu langweilen.
Sie riss die Welt mit!

Tomaten »Duft des Südens«

Pomodori ai sapori del sud

Für 4 Personen:

8 große reife, aber feste Tomaten
4 Sardellenfilets
4 Knoblauchzehen
50 g in Salz eingelegte Kapern
500 g Semmelbrösel
30 g Petersilie
30 g Basilikum
8 El Olivenöl

Zeitaufwand: 20 Minuten

Zubereitung:

Knoblauch, Kapern, Petersilie, Basilikum und Sardellenfilets klein hacken. Die Tomaten waschen, einen Deckel abschneiden und das Innere herauslöffeln. Die Tomaten innen salzen und umgedreht auf einem Rost legen. Das Innere der Tomaten und die Deckel durch die Mühle passieren und beiseite stellen.

In einer hochrandigen Pfanne zuerst den Knoblauch in etwas Öl anbräunen, nach und nach die Kapern, die Sardellen und die Semmelbrösel zugeben, schließlich vom Herd nehmen. Petersilie, Basilikum und passierte Tomaten zufügen, gut vermischen und damit die Tomatenhälften füllen.

In einer feuerfesten Form bei 190 Grad 15 Minuten lang garen.

Gefüllte Tomaten

Pomodori ripieni

Für 4 Personen:

6 mittelgroße Tomaten
200 g gelbe Paprikaschoten
120 g Parmesankäse
12 Sardellenfilets in Öl
12 grüne Oliven
4 Scheiben Toastbrot
1 Knoblauchzehe
Estragon
Olivenöl
Salz und Pfeffer

Zeitaufwand: 40 Minuten

Zubereitung:

Tomaten horizontal teilen, Kerne entfernen, salzen und mit der Schnittfläche nach unten liegen lassen, damit das austretende Wasser abfließen kann.

Paprika in Würfel schneiden und in der Pfanne zusammen mit einer Knoblauchzehe in etwas Öl kurz andünsten. Salzen und pfeffern. Dann 12 zerkleinerte grüne Oliven, den gehackten Estragon und das zerkrümelte Innere der Toastbrotscheiben dazugeben. Wenn die Brotkrümel Farbe angenommen haben, die Pfanne vom Herd nehmen und abkühlen lassen.

Die Masse in die gut abgetropften Tomatenhälften füllen, in eine feuerfeste Form geben und 10 Minuten bei 250 Grad im Backofen überbacken.

Tomaten-Körbchen

Cestini di pomodori

Für 8 Personen:
- 8 mittelgroße Strauchtomaten
- 100 g in Olivenöl eingelegter Thunfisch
- 80 g Salatgurke
- 2 hart gekochte Eier
- 1 EL in Essig eingelegte Kapern
- 2 TL Essig
- 60 g Olivenöl
- Salz und Pfeffer

Zeitaufwand: 20 Minuten

Zubereitung:

Von den gewaschenen Tomaten einen »Deckel« abschneiden. Das Innere herauslöffeln. Tomaten innen salzen und umgedreht auf einen Rost legen.

Salatgurke in sehr kleine Würfel schneiden und zusammen mit dem abgetropften und zerbröselten Thunfisch in eine Schüssel geben. Ein wenig Olivenöl, Salz und Pfeffer hinzufügen und gut vermischen. Mit dieser Farce die Tomaten füllen, Deckel wieder aufsetzen und auf einer Servierplatte anrichten.

Eier in Stücke schneiden und mit Olivenöl, Essig, Kapern, Salz und Pfeffer zu einer Sauce mixen. Über die Tomatenkörbchen gießen. Nach Belieben garnieren und servieren.

Tipp:
Das Gericht ist gut als Vorspeise geeignet, kann aber auch als Beilage zu gekochtem Geflügel serviert werden.

Im Gemüsekorb

Stramm stand da der Spargel
auf seinem einzigen Fuß,
mit seinem geschuppten Helm,
martialisch und militärisch grün.

»Ich bin der König der Gemüse.
Mein weißer Bruder
hier neben mir
ist der Anführer
unserer Truppen
von erhobenen Lanzen.
Uns gebührt Achtung
und Respekt!«

Vor Wut platzte die Orange,
die ihm zu Füßen lag,
und säuerlich fiel sie ein:
»Schon möglich, was ihr sagt,
mein teuerster Freund,
doch ... genau betrachtet,
kommt ihr aus dem Dreck der Erde.
Ich hingegen bin von hohem Rang,
ich komme von da oben,
von der Krone im Baum,
Gesandtin der Sonne
auf dieser Erde bin ich!«

»... höchstens für Zellulitis
geeignete Botschafterin!«
Dies war vom Sellerie
der trockene Kommentar.

In ihren Hülsen versteckt,
kicherten die Erbsen,
von unten lachten die Tomaten,
neben ihnen grinste die Petersilie,
und an der Korbeswand
kringelte sich der Salat.

Der Zitrone jedoch
ging dies unter die Haut:
Als gute Südländerin
mit starken Familiensinn
musste sie intervenieren,
und sauer fügte sie hinzu:
»Halten Sie bloß das Maul,
Sie alte Warzenhexe,
Sie einfältige Runzelknolle, Sie ...«

Die Paprika im Chor
unterbrachen sie so:
»Genau genommen, Freunde,
steht uns die Ehre zu,
gemeinsam mit Tomaten,
Maiskolben und Bataten,
nachdem wir alle zusammen
über den großen Teich gesegelt,
eurer europäischen Einfalt und Öde
Einhalt geboten haben.«

Aus einer Ecke plötzlich
sprach aber die Kartoffel:
»Meine lieben Genossen
legen wir den Streit bei,
entwickeln wir Bewusstsein
eine gute Suppe sei unser Ziel!
Getrennt sind wir zu schwach
es gilt hier und jetzt
zu bündeln unsere Kraft.«

Und während im Korb unter Krach und Getöse
der Disput fortlief
vom Obst und Gemüse,
das sich so wichtig fühlte,
langte ein Arm hinein
im schneeweißen Gewand,
entnahm sie nach und nach
und machte sie alle kurz und klein.

Gefülltes Gemüse auf ligurische Art

Ripieno alla ligure

Für 4 Personen:

1 Zucchini
4 Tomaten
2 rote Paprika
16 kleine Champignons
160 g Kochschinken
1 rote Zwiebel
1 Frühlingszwiebel
1 Karotte
80 g Pinienkerne
8 kleine Kartoffeln
1 Ei
100 g Parmesankäse
1 Knoblauchzehe
Olivenöl
Salz und Pfeffer
Petersilie, Rosmarin, Zitronenthymian

Zeitaufwand: 2 Stunden

Tipp 1:

Fast alle Arbeitsgänge können schon am Vormittag erledigt werden, so dass Sie nicht in Stress geraten, wenn die Gäste kommen. Die Pilzfüllung sollte allerdings direkt vor dem Überbacken verarbeitet werden, da Champignons schnell schwarz werden.

Tipp 2:

Die Kartoffelfüllung kann auch mit fein gewürfeltem Kochschinken vermengt werden – das passt besonders gut zu den Zucchiniringen.

Tipp 3:

Den Antipastiteller können Sie beliebig ergänzen – z.B. mit einer Kombination aus frischen Feigen, Parmaschinken, Melone und Pecorino.

Zubereitung:

Paprika achteln, Tomaten vierteln und aushöhlen, innen salzen und umgedreht auf einen Rost legen, das Fruchtfleisch aufheben. Zucchini quer in 2-3 cm breite Stücke schneiden, aushöhlen (Randstärke mindestens 1 cm). Mark aufheben. Champignons von den Stielen befreien.

Paprikaecken, Zucchinistücke und Champignons mit einem Rosmarinzweig bzw. mit Zitronenthymian und mit dem Knoblauch in reichlich Olivenöl jeweils anbraten.

Champignonstiele und Kochschinken sehr fein würfeln, anbraten, salzen, pfeffern und Petersilie dazugeben. Die Pilzkappen damit füllen und etwas Parmesan darüber streuen.

2 Paprikaecken, 1 Möhre, beide Zwiebeln, Zucchinimark und Petersilie sehr fein hacken. Pinienkerne anrösten, die Gemüsewürfel dazugeben und mit Salz und Pfeffer würzen. Schließlich mit dem zerkleinerten Tomatenfleisch und geriebenem Parmesankäse vermengen. Die Tomaten damit füllen.

Die Kartoffeln schälen und kochen, durch eine Presse drücken, mit Petersilie, Parmesan und einem Ei vermengen. Die Masse in einen Spritzbeutel geben und Zucchini und Paprikaecken damit füllen.

Das gefüllte Gemüse auf einem Backblech bei 180-200 Grad für 10 Minuten in den Backofen geben. Wenn die Füllungen schön goldbraun geworden sind, aus dem Ofen nehmen und als Antipasti warm servieren.

Paprika mit Gemüsefüllung

Peperoni ripieni di verdure

Für 4 Personen:

2 rote Paprikaschoten
2 gelbe Paprikaschoten
1,2 kg Auberginen
30 g eingesalzene Kapern
4 Sardellenfilets aus dem Glas
3 EL Olivenöl
30 g Parmesankäse
Basilikum
Salz

Zeitaufwand: 35 Minuten

Zubereitung:

Die Paprika der Länge nach teilen, Kerne und Membranen entfernen. Die Auberginen würfeln und in 3 Esslöffeln Öl in der Pfanne dünsten, leicht salzen.

Kapern und Sardellenfilets abspülen und abtropfen lassen. Sardellenfilets zerkleinern. Beides unter die Auberginen mischen und die Masse in die Paprikahälften füllen. Im Backofen bei 180 Grad 25 Minuten garen.

Abkühlen lassen, Parmesan zu feinen Streifen hobeln und mit Basilikum als Dekoration verwenden. Lauwarm servieren.

Frühlingsgemüse-Törtchen

Ciambella di ricotta e verdure

Für 4 Personen:

350 g Ricotta
200 g Zucchini
100 g Frühlingszwiebeln
200 g grüner Spargel
100 g Joghurt
1 Eiweiß
1 EL gehackte Gewürzkräuter (Thymian, Majoran, Kerbel, Estragon)
Salz und frisch gemahlener Pfeffer

Zeitaufwand: 10 Minuten Vorbereitung + 35 Minuten Backzeit

Zubereitung:

Zucchini, Frühlingszwiebeln und Spargel in sehr kleine Würfel schneiden und für drei Minuten in Öl andünsten. Abkühlen lassen und mit Ricotta und Eiweiß vermengen, mit Salz und Pfeffer würzen.

Vier mit Öl eingestrichene Metallringe (Durchmesser 7 cm, Höhe 6 cm) auf ein Backblech legen und die Masse hineinfüllen. Mit Alufolie bedeckt 35 Minuten bei 180 Grad backen.

In der Zwischenzeit Joghurt, gehackte Kräuter, Salz und Pfeffer verquirlen und als Soßenspiegel auf die Teller verteilen. In die Mitte des Tellers das Gemüsetörtchen setzen und den Metallring entfernen.

Diese Ringe sind vielfältig einsetzbar und sehr praktisch, weil beim Entfernen nichts kleben bleibt. Ersatzweise kann man auch Mini-Gugelhupf- oder Souffléförmchen aus Silikon nehmen.

Tartellette mit Birne, Walnüssen und Gorgonzola

Tartellette con pere, noci e gorgonzola

Für 6 Personen:

Briséeteig:

220 g Mehl
110 g Butter
1 Becher kohlensäurehaltiges Mineralwasser
Salz

Für die Füllung:

150 g Gorgonzola
100 g Crème fraîche
50 ml Milch
35 g grob gehackte Walnüsse
2 Eier
1 Birne
1/4 Zwiebel
Butter
Salz und Pfeffer

Zeitaufwand: 20 Minuten + 1 Stunde Ruhezeit für den Teig

Zubereitung:

1 Stunde vor Beginn Butter und Mineralwasser aus dem Kühlschrank nehmen.

Weiche Butter, Mehl, Mineralwasser und eine Prise in lauwarmem Wasser gelöstes Salz zu einem Teig kneten, zu einer Kugel formen und 1 Stunde im Kühlschrank kalt stellen.

In der Zwischenzeit die fein gehackte Zwiebel in wenig Butter andünsten. Die Eier mit Salz, Pfeffer und der Sahne verschlagen.

Dann die Tartelletteförmchen mit dem 2 cm dick ausgerollten Teig auskleiden. Den zerzupften Gorgonzola, die Zwiebeln und die Walnüsse hineingeben und mit der Eiermasse auffüllen.

Für 20-25 Minuten in den auf 180 Grad aufgeheizten Backofen schieben. Die Birne in Würfel schneiden, in Butter schwenken und vor dem Servieren über die Tartellettes geben.

Der Sommelier

Ein streng prüfender Gesichtserker
lehnt sich über einen Glasrand
wie eine alte neugierige Dame
über die Brüstung ihres Balkons,
von Zeit zu Zeit schnüffelnd,
der Wahrheit verpflichtet.
Eine Hand schaukelt den gläsernen Kelch,
hält ihn tief, dann wieder hoch,
schlenkert, schwingt und schlackert
den flüssigen Rubin.
Zwei nachdenklich besorgte Augen
schauen durch das Glas.

Ist er blumig, rapsig, rassig,
rund und reif?
Ist er samtig, süffig, spritzig,
scharf, schwer oder elegant?
Ist er mächtig, mild, mundig,
nervig oder plump?

Anhaltend, endlos ist das Ritual.
Schleichend, schleppend, persistent.
Bedacht blasen sich die Backen auf.
Gemächliches Geschlürfe.
Ewiges Gewürge, Schlabbern,
Schmatzen, Lecken, Schnalzen,
Knatschen, Matschen ... und dann
der erlösende Moment.
Die Wandlung findet statt,
aus dem Mund seines Priesters
spricht Bacchus zu mir.
Aus dem Wein wird Wort
und ich kann endlich trinken.

Grüner Spargel mit Wachteleiern

Asparagi verdi con uova di quaglia

Für 4 Personen:

320 g geschälter Spargel
120 g kleine Schalotten
4 EL Olivenöl
20 Wachteleier
4 EL entrahmte Milch
Schnittlauch
Salz und Pfeffer

Zeitaufwand: 20 Minuten

Zubereitung:

Spargel in Salzwasser kochen (dicker Spargel 8-9 Minuten, dünner Spargel 4-5 Minuten) und die geschälten Schalotten in Olivenöl anbräunen. Anschließend die Spargelstangen zu den Schalotten geben und darauf achten, dass die Stangen nicht zerbrechen. Warm halten.

Ein kleines Gefäß ins warme Wasserbad stellen und darin 12 Wachteleier mit Milch verrühren, bis eine weiche Creme entsteht. Salzen, pfeffern und den gehackten Schnittlauch dazugeben.

Spargel und Schalotten auf einem Teller anrichten und mit 8 halbierten, gekochten Wachteleiern dekorieren. Dazu die Eiercreme in einer Sauciere servieren.

Panna Cotta aus weißem Spargel

Panna cotta di asparagi bianchi

Für 6 Personen:

350 g weißer Spargel
75 g Mascarpone
50 g Schlagsahne
10 g Gelatine
Olivenöl
Salz und Pfeffer

Zeitaufwand: 60 Minuten + Abkühlzeit

Zubereitung:

Spargel putzen, schälen, eventuell holzige Enden entfernen, zu einem Bündel zusammenbinden und in wenig Salzwasser garen. Dicker Spargel braucht etwa 10 Minuten, dünner Spargel 8-9 Minuten (da er püriert werden muss, ist es besser, wenn der Spargel länger kocht).
Aus dem Wasser nehmen und sofort kurz in Eiswasser tauchen, um den Kochvorgang zu stoppen. Danach zum Trocknen auf Küchenpapier auslegen. Einen halben Schöpflöffel Kochwasser aufheben.

Inzwischen die Gelatine in kaltem Wasser einweichen. Die Spargelspitzen abschneiden und in einem mit Küchenfolie abgedecktem Gefäß zur Seite stellen. Den restlichen Spargel mit dem Mixer pürieren. Die Gelatine ausdrücken, das restliche Spargelwasser zum Kochen bringen und die Gelatine darin auflösen.

Spargelpüree, Mascarpone und flüssige Gelatine sorgfältig vermischen. Die Masse abkühlen lassen und vorsichtig die Schlagsahne untermischen, bevor die Gelatine erstarrt. Mit Salz und Pfeffer abschmecken.

Die Panna Cotta in kleine, vorher mit Wasser benetzte Portionsförmchen (am besten aus Silikon) füllen und für mindestens 6 Stunden im Kühlschrank kalt stellen. Vor dem Servieren Spargelspitzen in eine Schüssel geben und mit etwas Olivenöl, Salz und Pfeffer würzen. Die Panna Cotta dann aus den Förmchen stürzen und ringsherum mit Spargelspitzen dekoriert.

Tipp:

Das Gericht ist gut als Vorspeise geeignet, kann aber auch als Beilage zu gekochtem Geflügel serviert werden.

Spargel im Dampf gegart mit Eiersauce

Asparagi in salsa d'uova

Für 4 Personen:

24 Stangen weißer oder grüner Spargel
4 Eier
80 g Olivenöl
Schnittlauch
Salz und Pfeffer

Zeitaufwand: 20 Minuten

Zubereitung:

Eine Stunde vor der Verarbeitung die Eier aus dem Kühlschrank nehmen, damit sie Zimmertemperatur annehmen. Anschließend in kaltes Wasser legen, erhitzen und genau zehn Minuten hartkochen.

Inzwischen den Spargel schälen (beim grünen nicht nötig) und die holzigen Stielenden entfernen. Zu einem Bündel zusammenfassen und 14 Minuten im Dampf garen lassen. Spargelwasser aufheben.

Die Eier nach Ende der Kochzeit herausnehmen, unter kaltem Wasser abschrecken, schälen und halbieren, anschließend zusammen mit Öl, Salz und Pfeffer in den Mixer geben und auf niedriger Stufe mixen, bis eine homogene Sauce entsteht. Wenn nötig, die Sauce mit dem Spargelwasser zusätzlich verdünnen.

Den Spargel auf einer Servierplatte anrichten, mit der Sauce übergießen und mit gehacktem Schnittlauch garnieren.

Törtchen aus Zucchini und Käse

Sformatini di zucchini e gruviera

Für 4 Personen:
- 2 kleine Zucchini
- 200 g Mehl
- 1 Tütchen Trockenhefe
- 3 Eier
- 80 ml + 1 EL Olivenöl
- 100 ml Milch (Raumtemperatur)
- 150 g geriebener Bergkäse (oder ein anderer würziger Käse ähnlicher Art)
- Salz und weißer Pfeffer

Zeitaufwand: 40 Minuten

Zubereitung:

Die Zucchini waschen, trocknen, die Kernchen mit einem Teil des weißen Marks entfernen und in sehr kleine Würfel schneiden. In einer Pfanne mit einem Esslöffel Olivenöl und einem Esslöffel Wasser 3 Minuten bissfest garen.

Mehl und Hefe mischen und in eine Schüssel sieben, Eier hinzufügen. Mit reichlich gemahlenem weißen Pfeffer und Salz würzen.

Mit dem Schneebesen durchmischen und dabei langsam das Öl und die lauwarme Milch zugeben. Wenn die Mischung schön flüssig geworden ist, Zucchiniwürfel und geriebenen Käse unterheben.

Die Förmchen mit der Masse zu 3/4 auffüllen. Für 20 bis 22 Minuten in den 180 Grad heißen Backofen stellen.

Tipp:
Zucchini können durch Pilze oder anderes Gemüse, aber auch durch Salami, Speck, Schinken usw. ersetzt werden.

Püree-Nester gefüllt mit Pilzen und Geflügelleber

Nidi di puré di funghi e fegatini

Für 4 Personen:

400 g Kartoffelpüree
200 g Champignons oder frische Waldpilze
100 g Hühnerleber
2 Eier
40 g geriebener Parmesankäse
6 EL Olivenöl
1 Knoblauchzehe
Petersilie
Salz

Zeitaufwand: 25 Minuten

Zubereitung:

Das Püree mit dem Parmesan und einem Ei anreichern. Die Pilze putzen, in Stückchen schneiden und zusammen mit Knoblauch und gehackter Petersilie in 3 Esslöffeln Öl dünsten.

Die Leber in Stückchen schneiden, in 3 Esslöffeln Öl dünsten, anschließend Pilze dazugeben und salzen.

Auf einem mit Backpapier ausgelegten Backblech kleine Püree-Häufchen formen und in die Mitte jeweils eine Mulde drücken. Pilze und Leber in die Mulden verteilen.

Das zweite Ei verschlagen und über die Püreenester pinseln, bei 190 Grad 10 Minuten lang gratinieren.

Der Granatapfel

Unter der Krone:
deine Haut verletzen.
Rote Körnchen
prall saftig blutig
kommen zum Vorschein
ganz ohne Schmerzen.

Ich mach' mich ran
an die roten Samen
Messer und Zähne
fertig zum Gefecht.
Entreiße sie
ihrer zarten weißen Haut
die meinem Willen
nicht standhält.

Seit Ewigkeiten
aus alten Mosaiken
erzählst Du mir
von Fruchtbarkeit und Vermehrung
und machst mir jetzt
so viel Schwierigkeiten.
Mühselig ist das Pulen
schmal die Beute
ein Pulk von Körnern
und doch: am Ende
geh ich leer aus.

Ich glaube, ich suche lieber
'ne leichtere Frucht
die ohne viel Versprechen und Rhetorik
bereitwilliger gibt, was ich begehre.

Selbstgemachte Tagliatelle, Tagliatelle agli asparagi, Tagliatelle all'agnello, Tagliatelle al pesto di mandorle e rosmarino, Pappardelle e coniglio, Pasta al pesto rosa, Fusilli freddi, Mezzi rigatoni al tonno fresco, Farfalle ai fiori di zucchini, Farfalle rucola e pomodoro, Cavatielli con le cozze, Maltagliati agli spinaci con ricotta e pomodoro, Pasta con patate, taccole e pomodoro, Cupolette di farro e verdure, Riso al latte con gli asparagi, Risotto al nero di calamari

Primi Piatti
Erster Hauptgang

Grundrezept: Selbstgemachte Tagliatelle

Für 4 Personen:
400 g Mehl
4 Eier
1 TL Salz

Zeitaufwand: 30 Minuten

Zubereitung:

Mehl auf ein Backbrett häufen, Salz hinzufügen, in die Mitte eine Mulde drücken und dort die Eier hinein geben. Mehl mit den Eiern vermischen und zu einem Teig kneten.

Den Teig so lange durchkneten, bis er schön glatt ist. In mehrere Portionen aufteilen und messerdick ausrollen. Dann mit Mehl bestäuben und einige Minuten trocknen lassen.

Jetzt mit einem Messer oder mit der Maschine Streifen in der gewünschten Breite schneiden. Die Streifen locker auf einem bemehlten Tuch verteilen und trocknen lassen, bis die Nudeln hart sind.

Tipp:
Dieser Teig kann auch für Lasagneplatten, Pappardelle, Ravioli und vieles mehr verwendet werden!

Tagliatelle mit Spargel

Tagliatelle agli asparagi

Für 4 Personen:

350 g Tagliatelle (fertige oder selbstgemachte nach Grundrezept)
400 g grüner Spargel
1 Frühlingszwiebel
geriebener Parmesan
4 EL Olivenöl
Salz und Pfeffer
4 Kirschtomaten zum Dekorieren

Zeitaufwand: 15 Minuten

Zubereitung:

Spargel putzen und holzige Stiele entfernen (Schälen ist bei grünem Spargel meist nicht notwendig). Anschließend alle Spargelspitzen auf die gleiche Länge abschneiden und mit dem restlichen Spargel, der fein gehackten Frühlingszwiebel, Öl, Salz und Pfeffer 10-15 Minuten köcheln lassen. Spargelspitzen entnehmen.

Inzwischen Tagliatelle in reichlich Salzwasser kochen. Wenn es sich nicht um selbst gemachte Nudeln handelt, noch einen Schuss Sonnenblumenöl o. ä. ins Wasser geben, damit die frischen Nudeln nicht aneinander kleben. Anschließend die Nudeln abtropfen lassen, aber das Wasser nicht weggießen.

Fertig gekochte Nudeln in die Pfanne mit der Spargelsauce geben und 2 Minuten auf höchster Temperatur darin schwenken. Wenn nötig, Sauce mit Nudelwasser strecken. Mit geriebenem Parmesan verfeinern, auf Tellern anrichten und mit Spargelspitzen und halbierten Kirschtomaten dekorieren.

Die Nudel

Du bist die Hure unter den Nahrungsmitteln:
Deine große Liebe gilt der Tomate
und du gehst trotzdem mit jedem.
Jeder ist gut genug für dich:
Du liebäugelst mit der Zucchini,
bandelst mit dem Fisch an,
wälzst dich genussvoll in Butter,
und wenig später treibst du es mit dem Öl.
Du bist so billig und doch so köstlich.
Du heiße Nudel!

Tagliatelle mit Lamm-Gemüse-Ragout

Tagliatelle all'agnello

Für 4 Personen:

350 g Tagliatelle
350 g Lammfleisch (z.B. von der Keule)
1 kleiner Zweig Rosmarin
1 Lorbeerblatt
2 Wacholderkörner
1 Karotte
1 Zwiebel
1 Selleriestange
100 g Tomaten
1 Glas Weißwein
4 EL Olivenöl
Salz
4-8 EL geriebener Parmesan

Zeitaufwand: 35 Minuten

Tipp:
Lammfleisch kann auch durch Wildschwein-, Hasen- oder Rehfleisch ersetzt werden.

Zubereitung:

Lammfleisch in einer Pfanne mit Olivenöl braten und Salz, Rosmarin, Wacholder und Lorbeer hinzufügen. Wenn das Fleisch eine schöne goldene Farbe angenommen hat, mit Wein ablöschen. Das Fleisch noch 20-30 Minuten kochen, bis es gar ist; wenn nötig, einige Esslöffel Wasser hinzufügen. Anschließend Lammfleisch aus der Pfanne nehmen, auf ein Brett legen und in kleine Würfel schneiden.

Tagliatelle in reichlich Salzwasser kochen.

Pfanne nicht spülen, sondern das in Würfel geschnittene Gemüse darin andünsten, bei Bedarf noch ein wenig Öl zugeben. Geschälte und grob gehackte Tomaten dazugeben und kurz ziehen lassen. Lammfleisch hinzufügen und verrühren. Eventuell noch nachsalzen.

Die al dente gekochten und abgetropften Tagliatelle (Wasser aufheben) in die Pfanne mit dem Lamm-Gemüse-Ragout geben und noch 2-3 Minuten in der Pfanne schwenken. Wenn nötig, Sauce mit 1-2 Esslöffeln Nudelwasser strecken.

Pasta in Teller geben, mit Parmesankäse bestreuen und servieren.

Tagliatelle mit Pesto aus Mandeln und Rosmarin

Tagliatelle al pesto di mandorle e rosmarino

Für 4 Personen:

360 g frische Tagliatelle
2 Rosmarinzweige + einige Spitzen zum Dekorieren
80 g geschälte Mandeln
1 Knoblauchzehe
50 g geriebener Parmesankäse
4 EL Olivenöl
Salz

Zeitaufwand: 10-15 Minuten

Zubereitung:

Parmesan, Mandeln, Knoblauch, gewaschenen, getrockneten und zerzupften Rosmarin und wenig Salz in einen Mixer geben. Mixer starten und durch die Deckelöffnung Olivenöl träufeln (wie für die Herstellung einer Mayonnaise). Die Sauce soll cremig sein, jedoch nicht flüssig.

Pasta in reichlich Salzwasser kochen (gekaufte Pasta nach Packungsangabe, selbstgemachte Tagliatelle nur 4-5 Minuten unter Zugabe eines Schusses Olivenöl kochen). Anschließend abgießen und das Wasser aufheben.

Tagliatelle in eine große Pfanne geben, Sauce darüber verteilen und 2 Minuten bei hoher Temperatur schwenken. Falls nötig, Sauce mit Nudelwasser strecken.

Auf Teller verteilen und mit Rosmarinspitzen dekorieren.

Tipp:
Wenn man im Frühling über eine blühende Rosmarinpflanze verfügt, kann man die hübschen blauen Blüten gut zur Dekoration verwenden.

Pappardelle mit Kannichen

Pappardelle e coniglio

Für 4 Personen:

320 g Pappardelle (breitere Tagliatelle) oder Tagliatelle
4-5 Kaninchenschlegel (Knochen ausgelöst, in grobe Würfel geschnitten)
2 Knoblauchzehen
Mehl
Thymian
Rosmarin
1 Schöpfkelle Brühe
trockener Weißwein
25 schwarze Oliven in Salzlake
80 g geriebener Parmesankäse
40 g Butter
8 EL Olivenöl
Salz und Pfeffer

Zeitaufwand: ca. 40 Minuten

Zubereitung:

In einer Pfanne Öl erhitzen und darin die bemehlten Kaninchenstücke mit Knoblauch, gehacktem Thymian und Rosmarin anbraten, bis sie eine goldbraune Farbe angenommen haben. Mit Wein ablöschen und ganz verdampfen lassen. Salzen, pfeffern, die Brühe hinzufügen und fertigkochen. Ab und zu wenden, damit das Fleisch nicht anbrennt. Zum Schluss Oliven dazu geben.

Inzwischen in reichlich Salzwasser die Pappardelle al dente kochen, abtropfen lassen (das Wasser nicht wegschütten) und in der Pfanne zusammen mit der Kaninchensauce, Butter und Parmesan kurz schwenken. Sollte die Sauce zu dick werden, mit ein paar Löffeln Nudelwasser verdünnen.

In die Teller geben und servieren.

Pasta mit rosa Pesto

Pasta al pesto rosa

Für 4 Personen:

320 g Linguine (oder beliebige andere Nudeln)
2-4 große reife, aber feste Tomaten
20 g geschälte Mandeln
1 Knoblauchzehe
20 Blätter Basilikum
4 TL würziger Pecorino, gerieben (am besten Pecorino Romano)
4 EL Olivenöl
1 TL grobes Salz
Salz

Zeitaufwand: 10 Minuten Zubereitung + 30 Minuten Abtropfzeit für die Tomaten

Zubereitung:

Tomaten mit einem Messer ohne Vorblanchieren schälen, die Kerne entfernen, leicht salzen und ½ Stunde auf ein Sieb legen, damit sie Wasser verlieren.

Nudeln in reichlich Salzwasser kochen.

In einem Mörser die Tomaten mit geschälten Mandeln, Knoblauch, frischen Basilikumblättern, Olivenöl, Käse und grobem Salz (grobes Salz hilft beim Zerreiben der Zutaten) zerstampfen. Die Nudeln mit dieser kalten Sommersauce anrichten, mit frischem Basilikum dekorieren und servieren.

Fusilli mit kalter Soße

Fusilli freddi

Für 4 Personen:

350 g Fusilli
300 g geschälte Tomaten
1 Mozzarella
12-16 in Öl eingelegte Sardellenfilets
1 EL in Salz eingelegte Kapern
2 EL schwarze Oliven in Salzlake
Basilikum
1 Knoblauchzehe
4 EL Olivenöl
Salz

Zeitaufwand: ca. 10 Minuten

Zubereitung:

Knoblauch in Öl andünsten, Tomaten passieren und hinzufügen. Die Sauce 10 Minuten lang köcheln lassen. Nudeln al dente kochen.

In der Zwischenzeit Mozzarella in kleine Würfel, Sardellen in kleine Stücke und Basilikum in dünne Streifen schneiden. Kapern entsalzen (in einem Sieb unter warmes, fließendes Wasser halten), Oliven entsteinen und grob hacken.

Die gekochten Nudeln abgießen und in die Tomatensoße geben. Eventuell noch etwas Olivenöl dazugeben und gut mischen. Wenn die Nudel-Sauce-Mischung warm wird, sofort die übrigen Zutaten hinzufügen und servieren.

Der Knoblauch

Kleine unschuldige Knolle
aus weißen Perlen,
wie Bonbons
einzeln in Seidenpapier
verpackt.

Beleidigen lässt er sich nicht so schnell.
Tritt man ihm auf die Zehen,
so schenkt er uns dafür seinen Duft.
Hackt man auf ihm herum,
so wird er nicht stinkig:
Er beschert uns trotzdem sein Aroma.

Im Süden beginnt selten ein Rezept ohne ihn.
Ein nicht leichter Ehrengast,
ein schwer verträglicher Typ,
jedoch ein Partylöwe,
ohne den unmöglich zu feiern ist,
und sei sein Parfüm für einige
nicht immer salonfähig.

Geliebten wird der Kuss verwehrt,
Kollegen aus dem Weg gegangen,
der Fremde auf Distanz gehalten.

Im Topf ist er Duft,
in der Luft
mörderischer Gestank.
Teufel und Engel
wie wir Menschen selbst,
ewig seinem Dunstkreis
treu.

Mezzi Rigatoni mit frischem Thunfisch

Mezzi rigatoni al tonno fresco

Für 4 Personen:

320 g Mezzi Rigatoni o.ä.
400 g frischer Thunfisch
12 schwarze Oliven in Salzlake
20 Kirschtomaten
1 EL in Salz eingelegte Kapern
1 Knoblauchzehe
1 kleine Schalotte
2 Zweige Petersilie
Salz und Pfeffer

Zeitaufwand: ca. 15 Minuten

Zubereitung:

Einen Topf mit reichlich Salzwasser aufsetzen und die Nudeln nach Herstellerangaben al dente kochen.

Thunfisch in 2 cm große Stücke würfeln, Schalotte fein hacken und mit der ganzen Knoblauchzehe in einer großen Pfanne in Olivenöl andünsten. Halbierte Kirschtomaten und einen ganzen Petersilienzweig hinzufügen, zugedeckt so lange köcheln, bis die Tomaten zerfallen, und die restlichen Tomaten mit dem Kochlöffel komplett zerdrücken. Thunfisch und Oliven dazugeben, Kapern unter fließendem warmem Wasser entsalzen und ebenfalls untermischen. Das Ganze auf niedriger Stufe zugedeckt 7-9 Minuten köcheln lassen.

Die gekochten Mezzi Rigatoni abtropfen (das Wasser aufheben) und in die Pfanne mit der Thunfischsauce geben. Zwei Minuten auf höchster Stufe schwenken. Wenn die Sauce zu dick wird, mit 1-2 Esslöffeln Nudelwasser strecken.

Die Nudeln auf Teller geben, mit fein gehackter Petersilie bestreuen und servieren.

Farfalle mit Zucchiniblüten

Farfalle ai fiori di zucchini

Für 4 Personen:

400 g Kürbis
1 kleine Schalotte
200 g Ricotta
1 Lorbeerblatt
4 EL Olivenöl
2 Eier
3 EL Parmesankäse gerieben
1 Schuss Kürbiskernöl zum Dekorieren
Salz und Pfeffer
150 g Schnittsalatmix oder Babyspinat

Zeitaufwand: 10 Minuten

Zubereitung:

Reichlich Wasser in einem Topf mit Salz erhitzen und die Farfalle nach Packungsangabe al dente kochen.

Inzwischen die Kirschtomaten halbieren, Zucchini klein würfeln und die Zucchiniblüten – ohne die bitteren Stempel – in Streifen scheiden. Das Ganze in einer großen Pfanne mit Olivenöl dünsten und mit Salz abschmecken.

Die gekochten Nudeln abgießen, das Wasser jedoch nicht wegschütten. Nudeln mit Zucchiniblütensauce vermengen und 2 Minuten in der Pfanne schwenken. Wenn die Sauce um die Nudeln eintrocknet, mit einigen Esslöffeln Kochwasser verdünnen. Anschließend geriebenen Parmesankäse und frisch gemahlenen Pfeffer darüber streuen und sofort auf Teller verteilen.

Tipp:
Diese Sauce kann noch mit 12 in Salzlake eingelegten schwarzen Oliven verfeinert werden.

Farfalle mit Rucola und Tomaten

Farfalle rucola e pomodoro

Für 4 Personen:

300 g Kürbis (ohne Schale)
100 g luftgetrockneter Speck
125 g Mehl
100 g Butter
1 Ei
100 ml Milch
20 g geriebener Parmesankäse
½ Päckchen Trockenhefe (für Brot/Pizza)
Salz und Pfeffer
Butter und Mehl für die Förmchen

Zeitaufwand: ca. 15 Minuten

Zubereitung:

Reichlich Salzwasser für die Nudeln aufsetzen und in einer breiten Pfanne die fein gehackte Schalotte in Öl andünsten. Das Wurstbrät und ein kleines Stückchen Chilischote dazugeben und ein paar Minuten lang braten. Zuletzt die gewürfelten Tomaten hinzufügen und noch 10 Minuten köcheln.

Inzwischen die Farfalle nach Packungsangabe al dente kochen, anschließend in die Pfanne geben und kurz darin schwenken.

Nudeln auf Tellern anrichten und mit gut gewaschenem, trocken getupftem und grob gehacktem Rucola bestreuen.

Cavatielli mit Miesmuscheln

Cavatielli con le cozze

Für 4 Personen:

1 kg Miesmuscheln
250 g Cavatielli oder dicke kurze Nudeln
4 reife, geschälte Tomaten
4 EL Olivenöl
1 Knoblauchzehe
1 Bund frischer Oregano
Salz und Pfeffer
Petersilie

Zeitaufwand: 40 Minuten

Zubereitung:

In einem großen Topf viel Wasser mit Salz zum Kochen bringen. Die Cavatielli hineingeben und nach Herstellerangaben al dente kochen.

Inzwischen die Miesmuscheln gut abbürsten und waschen (offene wegwerfen). Anschließend in einer großen Pfanne mit wenig Olivenöl, Knoblauch und Oregano zugedeckt einige Minuten erhitzen, bis sie sich öffnen (ungeöffnete wegwerfen).

Tomaten zerkleinern, zu den Miesmuscheln geben und 10 Minuten köcheln lassen. Danach die Muscheln von der Sauce trennen und die Sauce in einer Mühle fein passieren.

Die Hälfte der Miesmuscheln beiseite legen und die andere Hälfte aus der Schale lösen. Die Sauce zurück in die Pfanne gießen und zum Kochen bringen. Danach die ausgelösten Muscheln und die inzwischen gekochten Cavatielli zur Sauce geben. Zwei Minuten in der Pfanne schwenken, dann Salz und frisch gemahlenen Pfeffer hinzufügen.

Cavatielli in Tellern anrichten und mit den beiseite gestellten Miesmuscheln, frisch gehackter Petersilie und einem Schuss Olivenöl garnieren.

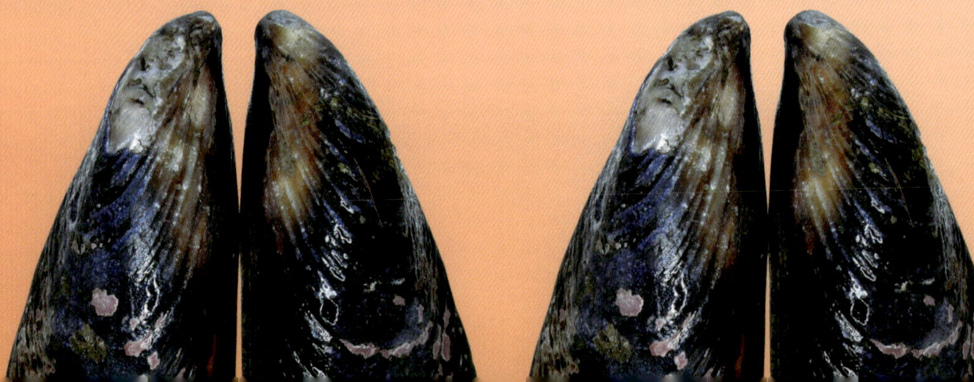

Maltagliati

mit Spinat, Ricotta und Tomaten

agli spinaci con ricotta e pomodoro

Für 4 Personen:

Maltagliati:
200 g Mehl
2 Eier
1 EL Olivenöl
40 g Spinat (gegart, ausgepresst und fein gehackt)
½ TL Salz

Sauce:
200 g Ricotta
500 g reife Kirschtomaten
Olivenöl
Salz und Pfeffer

Zeitaufwand: 30 Minuten für die Nudeln + 10 Minuten Zubereitung

Zubereitung:

Die gewaschenen Tomaten durch eine Mühle sehr fein passieren. Ein Sieb mit einem sauberen Leinentuch auskleiden und die frische, rohe Sauce darin abtropfen lassen, um sie zu konzentrieren.

In der Zwischenzeit die Zutaten für die Pasta zu einem glatten Teig kneten. Der Teig darf weder zu hart noch zu weich und klebrig sein. Den grünen Teig dann in mehrere kleine Stücke teilen und mit Hilfe einer Nudelmaschine zu viereckigen Lasagneplatten (ca. 8 x 20 cm groß und ca. 2 mm dünn) ausrollen. Verfügt man über genügend Erfahrung, so kann man die Arbeit auch mit einem Nudelholz erledigen. Die grünen Teigplatten mit einem Messer oder Rädchen in 2 x 5 cm große Rauten schneiden. Es ist nicht wichtig, ob sie perfekt sind und gleich aussehen, deshalb heißen sie Maltagliati (»schlecht geschnitten«).

Die Tomatensauce mit einem Löffel vom Tuch entfernen. Mit Öl, Salz und Pfeffer abschmecken.

Maltagliati 2-4 Minuten in kochendem Salzwasser mit einem Schuss Öl al dente kochen und anschließend abschrecken.

Pasta auf flache weiße Teller geben und löffelweise Ricotta und Sauce so darauf verteilen, dass sich weiße und rote Häufchen abwechseln. Einen Faden Öl in einem großen Kreis um das fertige Gericht herum träufeln.

Olivenbäume

Tausendjährige Bäume
mit faltigen knorrigen Stämmen,
wie die alten Menschen
aus diesem Land,
das uralte Leid
ins Gesicht geritzt.

Wind und Wetter ertragend,
geduldig, genügsam, standhaft.
Beharrliches Bestreben: das Überleben
in der staubigen Hitze des Sommers,
in den plötzlichen Wintereinbrüchen.

Olivenbäume und Menschen
im ewigen Wirbel des Lebens,
die sich winden, beugen und drehen,
die den Rücken krumm machen
vor der Gier derer,
die, den goldenen Sirup vor Augen,
Netze um ihre Füße spannen,
mit Stöcken auf sie losgehen,
sie der wertvolle Früchte berauben,

Olivenbäume und Menschen,
deren Seele mehr Knoten haben als Träume.
Ihnen beiden bleibt die Leere,
den anderen das Fett.

Nudeln mit Kartoffeln, Zuckerschoten und Tomaten

Pasta con patate, taccole e pomodoro

Für 4 Personen:

- 320 g Nudeln
- 300 g reife Tomaten
- 200 g Zuckerschoten
- 150 g Kartoffeln
- 3 EL Olivenöl
- 1 Knoblauchzehe
- Thymian
- Salz

Zeitaufwand: 20 Minuten

Zubereitung:

Das Wasser für die Nudeln aufsetzen, Zuckerschoten waschen und jeweils in 2-3 Stücke schneiden. Kartoffeln waschen, schälen und in kleine Würfel schneiden. Nudeln in kochendes Salzwasser geben und nach 5 Minuten Kartoffeln und Zuckerschoten hinzufügen. Inzwischen die Tomaten würfeln und in einer breiten Pfanne mit Olivenöl, geriebenem Knoblauch, Thymian und wenig Salz zugedeckt 3-4 Minuten schmoren lassen.

Wenn die Nudeln und das Gemüse gar sind, zu der Tomatensoße in die Pfanne geben und gut vermischen. Auf Teller verteilen und servieren.

Tipp:

Hierzu verwendet man am besten Penne, Farfalle oder selbst gemachte Tagliatelle.

Dinkel-Gemüse-Türmchen

Cupolette di farro e verdure

Für 4 Personen:
450 g Gemüsebrühe
400 g Tomaten
150 g grob geschroteter Dinkel
100 g Zucchini
60 g Linsen
1 Zwiebel
1 Lorbeerblatt
3 Basilikumblätter
4 EL Olivenöl
Salz und Pfeffer

Zeitaufwand: 50 Minuten

Zubereitung:

Linsen nach Packungsangabe mit dem Lorbeerblatt und der Zwiebel kochen. Tomaten in sehr kleine Würfel hacken, mit 1 Esslöffel Öl, Salz, Pfeffer und fein gehacktem Basilikum anmachen und beiseite stellen.

Zucchini in 5 mm große Würfel schneiden, in einer Pfanne mit 1 EL Öl und 1 EL Wasser 3 Minuten auf kleinster Stufe bissfest garen.

Den grob geschroteten Dinkel in der Gemüsebrühe 20 Minuten kochen. Am Ende der Garzeit sollte die ganze Brühe eingekocht sein und der Dinkel wie eine klebrige Masse aussehen.

Dinkel, 1 Esslöffel Zucchiniwürfel (den Rest aufheben) und alle Linsen in einer Schüssel mit 1 Esslöffel Olivenöl, Pfeffer und eventuell etwas Salz durchmischen.

4 Keramikförmchen (z.B. Souffléförmchen) mit Öl bepinseln und mit der Dinkel-Gemüse-Masse randvoll füllen. Gut andrücken und je einen flachen Teller umgekehrt darauf legen, umdrehen und ein paar Minuten stehen lassen.
Förmchen vorsichtig vom Teller nehmen, ringsherum 4 Häufchen Tomatensalat und 4 Häufchen Zucchini anrichten. Mit einem Faden Olivenöl garnieren und servieren.

Tipp:

Sollte man keinen grob geschroteten Dinkel finden, so kann man die Körner auch selbst in einem Mixer schroten, sowohl vor dem Kochen als auch danach. Beim gekochten Dinkel sollte man allerdings darauf achten, dass man ihn wirklich grob hackt und kein Brei daraus wird.

Milchreistimbale mit grünem Spargel

Riso al latte con gli asparagi

Für 4 Personen:

640 ml Milch
320 g Risottoreis
1 Bund grüner Spargel
1 Möhre
80 g geriebener Parmesan
Salz und Pfeffer
1 EL Öl
40 g Butter + 10 g zum Einfetten der Form
1-4 EL Wasser

Zeitaufwand: ca. 30 Minuten

Zubereitung:

Milch salzen und pfeffern und zum Kochen bringen. Reis hinzufügen und von Zeit zu Zeit umrühren.

In der Zwischenzeit den Spargel waschen und die holzigen Enden entfernen. Die Spitzen abschneiden, 3 Minuten in wenig Salzwasser kochen, herausnehmen, in Öl bei geringer Hitze dünsten und zur Seite stellen. Den restlichen Spargel in Scheiben schneiden und sehr dicke Spargelstangen halbieren. Die Spargelstücke zum Reis geben, wenn dieser 10 Minuten gekocht hat.

Am Ende der Kochzeit den Reis, der inzwischen die ganze Milch aufgesogen hat, vom Herd nehmen, Parmesan und Butter unterrühren und, wenn nötig, nachsalzen.

Eine Kranzform (am besten mit einem Zapfen in der Mitte) einfetten, die Reismasse darin verteilen und in den mit Umluft auf 200 Grad vorgeheizten Backofen schieben. Nach ca.10 Minuten, wenn die Oberfläche der Reismasse eine leicht goldbraune Farbe angenommen hat, die Reistimbale aus dem Ofen nehmen. Mit einem Servierteller bedecken, umdrehen und stehen lassen.

Einen Esslöffel Wasser zu den Spargelspitzen gießen und die in feine Scheibchen geschnittenen Möhren darin andünsten. Eventuell salzen. Die Form vom Reis entfernen. Den Reis mit Spargelspitzen und Möhrenscheiben dekorieren und servieren.

Schwarzer Risotto mit Kalmaren

Risotto al nero di calamari

Für 4 Personen:

4 Stück küchenfertige Calamari
½ l Gemüsebrühe
240 g Risottoreis (Carnaroli oder Arborio)
40 g Zwiebel
schwarze Tinte der Calamari (Säckchen mit Tinte vom Verkäufer beim Putzen intakt entfernen lassen)
4 EL Olivenöl
Petersilie
Salz und Pfeffer
Petersilie
4 Kirschtomaten

Zeitaufwand: 25 Minuten

Tipp:
Ist die Brühe schon gesalzen oder arbeitet man mit fertiger Bouillon, mit Salz sparsam umgehen.

Zubereitung:
Calamari in feine Streifen schneiden. In einer Pfanne Olivenöl und einen Esslöffel Wasser erhitzen, die Calamari-Streifen darin kochen, bis sie weich sind (ca. 7-8 Minuten), und anschließend beiseite stellen.

Die feingehackte Zwiebel in einer Pfanne mit einem Esslöffel Olivenöl andünsten, Reis hinzufügen und unter ständigem Umrühren eine Minute glasig werden lassen. Eine Kelle heiße Gemüsebrühe hineingießen und schnell weiter rühren. Nach 10 Minuten die Tinte der Calamari dazugeben und den Reis unter ständigem Rühren fertig garen. Währenddessen nach und nach die restliche Gemüsebrühe zugeben.

Risotto in die Pfanne mit den Calamari-Streifen geben und gut durchmischen. Salzen und pfeffern. Auf Tellern anrichten, mit gehackter Petersilie und halbierten Kirschtomaten dekorieren und servieren.

Bagna caoda, Clafoutis di carciofi, Cacio fresco con verdure, Roastbeef con insalata piccante, Nidi di arrosto, Calamari affogati, Filetti di trota con le nocciole, Torrette di verdure con uova a occhio di bue, Rotolini di sogliola e salmone, Rotolini di sogliola, Quaglie ripiene, Galantina di pollo

Secondi Piatti

Zweiter Hauptgang

Piemontesisches Gemüsefondue

Bagna caoda

Für 6-8 Personen:

10 Knoblauchzehen
250 ml Milch
4 Kartoffeln
1 Karotte
1 Stangensellerie
1 Kohlrabi in Scheiben
1 Paprika
1 kleiner Wirsing
1 kleiner Radicchio
1 Chicoree
1 Fenchel
4 Blumenkohlröschen
5 in Salz eingelegte Sardellenfilets
200 ml Olivenöl

Zeitaufwand: 1 Stunde

Zubereitung:

Knoblauchzehen schälen und in der Milch ca. 45-60 Minuten auf kleinster Stufe breiig kochen. Währenddessen die Kartoffeln kochen, schälen und in runde, fingerdicke Scheiben schneiden.

Karotte, Stangensellerie, Kohlrabi, Paprika, Wirsing, Radicchio, Fenchel und Chicoree waschen und in Streifen schneiden. Das Gemüse zusammen mit den Kartoffelscheiben auf einer Platte anrichten. Blumenkohlröschen ganz lassen, große halbieren.

Sardellenfilets in Stücke schneiden, mit Öl bedecken und langsam unter ständigem Rühren erwärmen. Das Öl darf nicht zu heiß werden, da es sich sonst absetzt. Die Sauce zusammen mit der Knoblauchmilch in einen Mixer geben. Anschließend in eine Fondue-Schale füllen und auf dem Fondue-Rechaud warm halten.

Jeder Gast tunkt die Gemüsestücke mit der Hand oder mit einer Gabel in die Sauce.

Tipp:
Gemüse – eine willkommene Alternative zum Käsefondue.

Artischockenauflauf

Clafoutis di carciofi

Für 4 Personen:

- 4 mittelgroße Artischocken
- 2 l kaltes Wasser
- Saft einer Zitrone
- Olivenöl
- 1 Knoblauchzehe
- Petersilie
- Salz
- 4 Eier
- 100 g Milch
- 120 g Mehl
- 80 g geriebener Parmesankäse
- gehackter Thymian

Zeitaufwand: 35 Minuten

Tipp:
Je nach Artischockensorte gibt es im Inneren viel, wenig oder gar kein Heu. Wenn Heu vorhanden ist, muss es mit dem Messer entfernt werden.

Zubereitung:

Wasser und Zitronensaft in eine Schüssel geben. Die Stiele der gewaschenen Artischocken bis auf 2 cm abschneiden. Die äußeren harten Blätter entfernen und die Spitzen der übrigen Blätter großzügig abschneiden (ca. 4 cm). Artischocken achteln und in Zitronenwasser geben, damit sie nicht schwarz werden.

Die Artischockenstücke aus dem Zitronenwasser nehmen, abtropfen lassen und 15 Minuten lang mit Olivenöl, Knoblauch, gehackter Petersilie, Salz und etwas Wasser köcheln lassen, bis sie weich sind und die Flüssigkeit verdampft ist.

In einer Schüssel Eier, Milch, Mehl, eine Prise Salz, 60 g Parmesankäse und Thymian verrühren, bis eine cremige Masse entsteht.

Die Artischockenecken auf 4 ofenfeste Förmchen (ca. 15 cm Ø) verteilen, den dünnflüssigen Teig darüber gießen und mit dem restlichen Käse bestreuen. Bei 220 Grad ca. 10 Minuten backen.

Allein Essen in Cilento

Ein Mittwoch wie viele andere
geht für dich zu Ende
hier in Cilento.
Dein Tisch mit dem leeren Stuhl gegenüber
wartet schon auf dich.
Kein Kindergeschrei, kein Gelächter.
Gähnende Leere.
Dass dir das Meer gegenüber sitzt,
verdankst du es,
dem tuschelnden deutschen Pärchen in der Ecke
zusehen zu können.
Der Süden hat ihnen ein Lächeln angezogen,
das sie nicht alle Tage kennen.
Vor ihnen glänzt die Dorade in ihrer Soße
und eine Zukunft, die keinen Nebel kennt.
Dass dir das Meer gegenüber sitzt,
verdankst du es,
den Bürgermeister und seine Männer
sehen zu können.
Sechs schwarze Gestalten
mit eng zusammengesteckten Köpfen.
Sie tuscheln auch und
teilen erst die Seezunge unter sich auf,
dann diesen Landstrich,
der unter Naturschutz steht.
Unten hat das Meer mit dem Wind
gerade eine Debatte.
Nur die Felsen wagen die Streitenden zu trennen.
Erblindet von der Südsonne, lächelt das Pärchen
immer und jeden an.
Wie gerne würden sie ein Haus
genau an diese Stelle bauen.
Die Männer drüben hätten lieber ein Hotel.

Käseplatte mit Gemüse

Cacio fresco con verdure

Für 6 Personen:

1 Salatkopf
150 g Rucola
Salz
2 EL Olivenöl
250 g frischer Ziegenkäse
rosa Pfeffer
250 g Brie
200 g frischer Pecorino
50 g Robiola
1 Scheibe rote Paprika
1 Fenchel
3 mittelgroße Tomaten

Zeitaufwand: 40 Minuten

Zubereitung:

Salat und Rucola waschen. Rucola grob hacken, Salatblätter in kleine Stücke schneiden und miteinander vermischen. Mit Salz und Olivenöl anmachen und auf einem großen Servierteller anrichten.

Brie in kleine Scheiben schneiden. Das Fenchelgrün fein hacken und die Briescheiben darin wälzen.

Aus dem Ziegenkäse Kügelchen formen und mit gemahlenem rosa Pfeffer bestreuen.

Pecorino reiben, mit dem Robiola mischen und kleine, längliche Nockerln formen. Anschließend mit der fein gehackten Paprika bestreuen.

Die Käsesorten auf dem Salat anrichten und mit Tomaten- und Fenchelscheiben garnieren. Darüber einen Faden Olivenöl träufeln und servieren.

Roastbeef mit pikantem Salat

Roastbeef con insalata piccante

Für 4 Personen:

250 g gekochte Kartoffeln
250 g gekochte grüne Bohnen
80 g kleine Artischocken in Öl
125 g Mayonnaise
Salz
50 g Cornichons
450 g rosa gebratene Roastbeefscheiben
Petersilie

Zeitaufwand: 15 Minuten

Zubereitung:

Die Kartoffeln schälen, würfeln und in eine Schüssel geben. Grüne Bohnen und Artischocken in Stückchen schneiden und zusammen mit der Mayonnaise untermengen. Mit Salz abschmecken.

Mit dem Gemüsesalat auf vier Tellern jeweils eine kleine Kuppel formen. Cornichons zu Fächern aufschneiden. Die Roastbeefscheiben um die Kuppeln legen und mit Cornichons und Petersilie garnieren.

Nester aus Bratenscheiben

Nidi di arrosto

Für 4 Personen:

2 mittelgroße Kartoffeln
4 Gewürzgürkchen
4 EL Joghurt
Olivenöl (extra vergine)
Salz und Pfeffer
12 dünne Scheiben eines übrig gebliebenen Bratens (Roast Beef oder Ähnliches)
Schnittlauch oder im kochenden Salzwasser blanchierte Lauchstreifen
10 Blätter grüner Salat
Petersilie

Zeitaufwand: 20 Minuten Garzeit für die Kartoffeln + 20 Minuten Zubereitung

Zubereitung:

Kartoffeln kochen, pellen und in kleine Würfel schneiden.

Gewürzgurken würfeln, in einer Schüssel mit Joghurt und wenig Öl vermischen und nach Geschmack salzen und pfeffern. Die Masse auf die Bratenscheiben streichen, mit Schnittlauch oder blanchierten Lauchstreifen zu Röllchen oder, noch dekorativer, zu kleinen Nestern binden.

Auf einem Salatbett anrichten und mit fein gehackter Petersilie bestreuen.

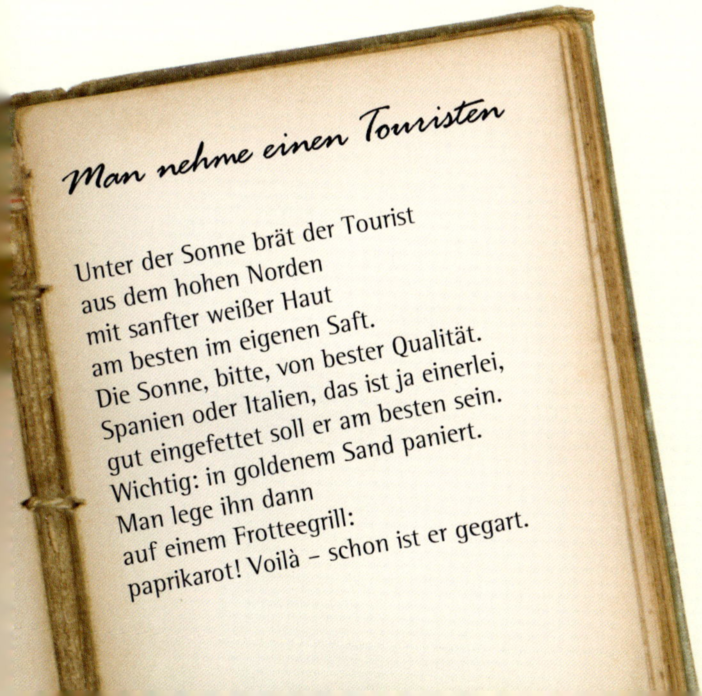

Man nehme einen Touristen

Unter der Sonne brät der Tourist
aus dem hohen Norden
mit sanfter weißer Haut
am besten im eigenen Saft.
Die Sonne, bitte, von bester Qualität.
Spanien oder Italien, das ist ja einerlei,
gut eingefettet soll er am besten sein.
Wichtig: in goldenem Sand paniert.
Man lege ihn dann
auf einem Frotteegrill:
paprikarot! Voilà – schon ist er gegart.

Geschmorte Calamari

Calamari affogati

Für 4 Personen:

4 mittelgroße Calamari
1 Knoblauchzehe
80 g Olivenöl
4 große oder 16 kleine reife Tomaten
Petersilie
Salz und Pfeffer

Zeitaufwand: 30 Minuten

Zubereitung:

Calamari vom Verkäufer küchenfertig vorbereiten lassen. Zuhause waschen und mit einer Schere in mundgerechte Stücke schneiden.

Knoblauch in Olivenöl andünsten. Tomaten in kleine Stücke schneiden, mit ein paar ganzen Petersiliestängeln in die Pfanne geben und 5 Minuten köcheln lassen. Zuletzt die Calamaristücke, Salz und Pfeffer hinzufügen und bei schwacher Hitze 30 Minuten zugedeckt schmoren lassen.

Das Gericht soll schließlich wie eine Suppe aussehen und wird in tiefen Tellern mit gerösteten Brotscheiben und frisch gehackter Petersilie serviert (mitgekochte Petersilie entfernen).

Tipp:

Als Beilage ist hier auch Cous-cous geeignet, eine Spezialität aus Nordafrika, die im Laufe der Jahrhunderte von den Arabern nach Westsizilien gebracht wurde.

Forellenfilets mit Haselnüssen

Filetti di trota con le nocciole

Für 4 Personen:

5 EL zerbröseltes Toastbrot
100 g Haselnüsse
Salz und Pfeffer
1 Zweig Petersilie
3 frische, vom Händler filetierte Forellen
4 EL Milch
60 g Butter
1 Stange Lauch
3 Schalotten
Olivenöl
1 EL Weinessig

Zeitaufwand: 30 Minuten

Zubereitung:

Das zerbröselte Toastbrot mit den gehackten Haselnüssen, Salz, Pfeffer und der gehackten Petersilie vermischen.

Die Forellenfilets in happengroße Stücke teilen, in Milch tauchen und in der Haselnuss-Toastbrot-Mischung wälzen. Anschließend in Butter braten und warm stellen.

Lauch in Scheiben schneiden und bissfest kochen, abschütten und zusammen mit den grob gehackten Schalotten in etwas Öl zart dünsten. Salzen und pfeffern und Weinessig zugeben.

Die Filetstücke zusammen mit dem Gemüse und der eigenen Sauce servieren.

Das Ei

Beim Schrei des Hahnes
träumten die Äpfel noch in ihren Schlafröcken.
Aus dem kalten dunklen Kasten
wanderten die Eier auf das Brett,
wackelten dort wie alte Frauen
mit fetten Hintern.
Der Essig im Wasser ärgerte sie,
und sie verhüllten sich empört
mit Schichten und Schleiern.
Wie unschuldige Bräute
warfen sie sich verloren dem Spinat in die Arme,
auch wenn er nicht der Erste war, der vorbeikam.
In heißen Umarmungen verloren sie ihre Unschuld,
wurden gebrannte Kinder,
erwachten dann zu neuem Leben,
lernten Konkretheit und verbündeten sich mit dem Mehl.
Sie wurden Teig und Nudel.
Hundert Tode und tausend Auferstehungen:
ein Huhn, eine Henne, ein Ei,
ein Strudel im Lebenswandel.

Spiegeleier auf Gemüsetürmchen

Torrette di verdure con uova a occhio di bue

Für 6 Personen:

150 g Fenchel
170 g Kartoffeln
125 g Zucchini
125 g Möhren
150 g Lauch
4 EL Olivenöl
1 Zweig fein gehackter Thymian
1 Zweig fein gehackte Petersilie
1 gepresste Knoblauchzehe
Salz
25 g geriebener Parmesan
4 Eier
4 Scheiben Käse (z.B. Raclettekäse o.ä.)

Zeitaufwand: 75 Minuten

Zubereitung:

Das Gemüse putzen und waschen. Fenchel, Kartoffeln, Zucchini und Möhren in kleine Würfel, Lauch in runde Scheiben schneiden. Lauchscheiben in Olivenöl andünsten und das Gemüse der Reihe nach hinzufügen: zuerst Kartoffeln, nach zwei Minuten Fenchel, Karotten, Thymian und Petersilie sowie Knoblauch. Abschließend Zucchini dazugeben, mit Salz abschmecken und zugedeckt 10 Minuten bei geringer Hitze köcheln lassen.

Deckel beiseite legen und weiter köcheln lassen, damit die Flüssigkeit verdampfen kann. Anschließend Parmesan unter das Gemüse mischen und mit Hilfe von Metallringen (11 cm Ø) auf 4 Tellern kleine Türmchen anrichten. Dabei das Gemüse gut hineinpressen und schließlich warm stellen.

4 Spiegeleier braten und die Metallringe von den Gemüsetürmchen entfernen. Damit 4 gleiche Kreise aus den Spiegeleiern ausstechen.

Auf jedes Gemüsetürmchen ein Spiegelei und eine Scheibe Käse legen. Im Backofen so lange grillen, bis der Käse zu schmelzen beginnt.

Seezungen-Lachs-Rolle
Rotolini di sogliola e salmone

Für 6 Personen:

3 Seezungenfilets à 250 g
300 g Kartoffeln
150 g Lachsfilet
2 Schalotten
Butter
100 g gekochter und abgetropfter Spinat
300 g Mehl
2 Eigelb
Salz und frisch gemahlener Pfeffer
1 EL gehackte Petersilie
etwas Eiweiß
Olivenöl
250 ml trockener Weißwein
100 g Sahne
1 Karotte
1 Stange Sellerie
Thymian
Backpapier zum Ausrollen der Kartoffelmasse

Zeitaufwand: 90 Minuten

Zubereitung:

Die Seezungen vom Händler filetieren und die Gräten und den Kopf mitgeben lassen.

Während die Kartoffeln kochen, das Lachsfilet würfeln, die Schalotten in kleine Scheiben schneiden und in Butter andünsten. Anschließend den zerzupften Spinat darin schwenken. Die geschälten Kartoffeln durch eine Presse drücken, mit Mehl, Eigelb, einer Prise Salz und Pfeffer sowie Petersilie und Thymian zu einem Teig kneten und schließlich zu einem Rechteck auf Backpapier ausrollen.

Die Seezungenfilets mit der Hautseite nach oben auf den Teig legen und Spinat sowie Lachswürfel darauf verteilen. Salzen und pfeffern. Den Teig mit Hilfe des Papiers vorsichtig zusammenrollen, die Nahtstellen mit Eiweiß einstreichen und gut festdrücken.

Die Rolle in reichlich gebuttertes Backpapier einwickeln, mit Küchenbindfaden sichern und mit Öl beträufeln. 45 Minuten bei 180-190 Grad backen.

In der Zwischenzeit die Sauce herstellen. Hierfür in einer Pfanne Gräten und Fischkopf mit dem Weißwein und etwas Wasser bedecken. 30 Minuten köcheln lassen. Anschließend alle Gräten entfernen, die Sahne dazugeben und weiter köcheln lassen, bis die Sauce cremig wird.
Die Rolle aus dem Ofen nehmen, auspacken, in Scheiben schneiden und mit der Sauce servieren.

Gefüllte Seezungenröllchen

Rotolini di sogliola

Für 4 Personen:

250 g Zwiebeln
Salz
Olivenöl
160 g geputzter Knollensellerie
900 g Seezungenfilets
60 g Pistazienkerne
2 Eier
200 g Ricotta
Estragon

Zeitaufwand: 45 Minuten

Zubereitung:

Die Zwiebeln in 1 cm dicke Scheiben schneiden, etwas salzen und in wenig Öl andünsten. Sellerie in kleine Rauten schneiden, zu den Zwiebeln geben und auf kleiner Flamme weiterdünsten, bis das Gemüse gleichmäßig gebräunt und weich ist. Dabei immer wieder umrühren und, wenn nötig, etwas Wasser zugießen. Warm stellen.

2/3 der Seezungenfilets auf Klarsichtfolie ausbreiten, mit Klarsichtfolie bedecken und mit einem Fleischklopfer vorsichtig ausdünnen. Anschließend zwei neue Folienstreifen ausrollen und die Filets dicht nebeneinander so anordnen, dass zwei durchgehende breite Bänder entstehen.

Die Pistazien überbrühen, abziehen und kleinhacken. Den restlichen Fisch im Mixer pürieren, Ei, Ricotta und eine Prise Salz dazugeben. Schließlich die Pistazien und einige kleingehackte Estragonblättchen untermengen.

Diese Creme auf die Fischbahnen streichen und mit Hilfe der darunterliegenden Folie zusammenrollen. Anschließend die Folie an den Enden wie zu einem großen Bonbon zusammenbinden. Über Dampf für 10 Minuten garen. Alternativ kann man die Rollen auf den Rost eines Bräters legen und soviel Wasser einfüllen, dass die Rollen zugedeckt mit Dampf gegart werden.

Etwas abkühlen lassen und in dicke Scheiben schneiden. Zusammen mit dem Zwiebel-Sellerie-Gemüse servieren.

Gefüllte Wachteln

Quaglie ripiene

Für 8 Personen:

50 g Brot
¼ l Milch
40 g durchwachsene Speckwürfel
70 g Radicchio
20 g geriebener Parmesankäse
1 Ei
200 g Hackfleisch vom Schwein
8 Wachteln
8 Scheiben durchwachsener Speck (ca. 80 g)
8 Salbeiblätter
kalt gepresstes Olivenöl
1 Glas Weißwein
Salz und Pfeffer

Zeitaufwand: 20 Minuten Zubereitung + 40 Minuten Garzeit

Zubereitung:

Brot in Milch einweichen, ausdrücken und mit gewürfeltem Speck, fein gehacktem Radicchio, geriebenem Parmesan, Ei und Hackfleisch vermengen. Die ausgenommenen und gewaschenen Wachteln mit dieser Farce füllen.

Anschließend die Wachteln mit jeweils einer Scheibe Speck umwickeln und ein Salbeiblatt zwischen Haut und Speck stecken. Die Wachteln schließlich mit Küchenzwirn gut verschnüren, auf ein Blech legen und mit Olivenöl bestreichen. Abschließend mit Weißwein übergießen, salzen und pfeffern.

Im Backofen bei 200 Grad 40 Minuten lang garen und mit dem Bratenfond servieren.

Gelantine vom Huhn

Galantina di pollo

Für 4 Personen:

1 Zwiebel
2 in Scheiben geschnittene Karotten
1 Stangensellerie
2 Thymianzweige
1 EL Salz
5-6 Pfefferkörner
1 Huhn (ca. 1 kg)
300 g Hühnerbrust
1 Eiweiß
80 g Sahne
gemahlener Peffer
50 g enthäutete Pistazienkerne
100 g gekochter Schinken
Tymianblätter

Zeitaufwand: 60 Minuten + Abkühlzeit

Zubereitung:

2-3 Liter Wasser mit einer geschälten Zwiebel, Karotten, Sellerieblättern, Thymianzweigen, Salz und Pfefferkörnern aufkochen.

Das Huhn sorgfältig abflammen, waschen, trocknen und entbeinen. Dabei beginnt man mit einem Schnitt entlang dem Brustbein und arbeitet sich auf der Knochenoberfläche weiter in die Tiefe. Entscheidend ist, dass ein zusammenhängendes Fleischstück ohne Hautperforationen entsteht. Die Mühe lohnt sich.

Die Hühnerbrust in Stücke schneiden und im Mixer zerkleinern. Mit Eiweiß, Sahne, etwas Salz und Pfeffer, Pistazien und dem klein gewürfelten Schinken vermengen.

Das entbeinte Huhn auf einem sauberen, weißen Küchentuch ausbreiten, salzen und pfeffern und mit Thymianblättern bestreuen. Anschließend die soeben zubereitete Farce darüber streichen. Mit Hilfe des Küchentuches das Fleischstück fest zusammenrollen, das Tuch überall fest verschließen und mit weißem Bindfaden ringsum sichern.

In kochendes Wasser geben und 40 Minuten kochen lassen. Herausnehmen, abkühlen lassen und in 1 cm dicke Scheiben schneiden.

Mit feinen Scheiben von frischen Steinpilzen und einigen Blättern grünem Salat anrichten.

Insalata di spinaci, Insalata di cavolfiore, Carote all'aglio, Tulipani di parmigiano con insalata e ovette, Carciofi con farcia al parmigiano, Panini di melanzane, Melanzane facili facili

Contorno

Beilagen

Spinatsalat

Insalata di spinaci

Für 4 Personen:

400 g Babyspinat
120 g Parmesankäse
1 TL Zitronensaft
4 EL Olivenöl
Salz

Zeitaufwand: 8-10 Minuten

Zubereitung:

Den Babyspinat gut waschen und abtropfen lassen. Mit einem Käsehobel den Parmesan raspeln und zum Spinat geben.

Zitronensaft, Olivenöl und Salz hinzufügen, alles gut durchmischen und servieren.

Blumenkohlsalat

Insalata di cavolfiore

Für 4 Personen:

1 Blumenkohl
6 in Öl eingelegte Sardellenfilets
12 schwarze, in Salzlake eingelegte Oliven
12 grüne Oliven
70 g Olivenöl
Saft einer halben Zitrone
2 TL Essig
Salz

Zeitaufwand: 20 Minuten zum Garen +
7 Minuten für die Zubereitung

Zubereitung:

Blumenkohl in einem Topf mit Dampfgareinsatz 20 Minuten oder in wenig Salzwasser 10-15 Minuten bissfest garen. In einem Sieb kalt abschrecken, abtropfen lassen und in Röschen zerlegen.

Anschließend zusammen mit den abgetropften Sardellenfilets und den Oliven in eine Schüssel geben.

Aus Öl, Zitronensaft, Essig und Salz eine Salatsauce mixen und über den Blumenkohl gießen.

Alles gut durchmischen und servieren.

Der Blumenkohl

Preludio:
Kein Platz steht für dich bereit
im Olymp der Gourmettempel:
zu ordinär, zu bodenständig,
zu simpel, primitiv
und noch dazu
beim Kochen geruchsintensiv.

Und recht geschieht es dir,
so denke ich, denn du
unschuldige Röschenwolke
hast meine Kindheit ruiniert.

Fuga:
Mit einem Loch im Bauch
kam ich von der Schule.
Träumend:
»Wie schön wär' jetzt
ein Berg Nudeln
unter einem Lavastrom
heißer Tomatensoße!«

Mit einem Loch im Bauch
rannte ich die Treppe hoch,
zwei Stufen nahm ich auf einmal.
Schneller ans Ziel,
schneller nach oben,
die Nudel schon vor Augen:
schlummernd unter der Soße,
vom Parmesan berieselt ...
Und dann ... oh Schande!
Schon auf der zehnten Stufe
konnte ich dich riechen.
Hoffnung,
vom Loch im Bauch getrieben:
»Die Nachbarin hat's gekocht
und nicht die Mutter!«

Im Magen drängt der Wunsch
nach meiner Lieblingsspeise,
das Loch im Bauch treibt mich,
die Schwelle zu betreten.
Unbehagen, Qual,
bist doch nicht abzuwenden.

Wege:
»Lieber die Flucht ergreifen?
In Luft sich auflösen?
Dich besser unter den Tisch
fallen lassen?«
Weiter den Flur beschreiten.

Das Loch im Bauch? Verschwunden,
mit ihm Wünsche und Träume.
Die Bücher mit einem Knall
auf den Boden geworfen,
die Fassung war verloren
und auch der Appetit.

Entschlossenheit:
»Jetzt bloß nicht die Küche betreten!«
Der Bitte folgte jedoch der Zwang,
zu machen war nichts mehr,
du warst schon auf dem Teller.
Mutter zeigte mir den Stuhl,
ich dürfte nicht vergessen:
Warst du nicht weggeputzt,
unmöglich das Aufstehen,
Mit ihr warst nicht nur du,
sondern auch Kirschen
nicht gut essen.

Kapitulation:
Deinen Geschmack rundete ich
mit dem Salz meiner Tränen ab.
Schmollend über meine Schmach,
grübelte ich über dich:
»Du König der Hochstapler!
Was bist du für ein blöder Kohl,
der vor seinem Namen ›Blume‹ setzt,
vielleicht, damit die Wahrheit
nicht allzu bitter schmeckt?«

Knoblauchkarotten

Carote all'aglio

Für 4 Personen:
- 4-6 Karotten
- 1 Knoblauchzehe
- 2 EL Olivenöl
- 2 TL Butter
- 1 TL getrockneter Oregano oder frischer Majoran
- Salz und Pfeffer

Zeitaufwand: 15 Minuten

Zubereitung:

Karotten waschen, putzen, schälen und in ca. 5 mm dicke Scheiben schneiden. Mit wenig Wasser und einer Prise Salz oder im Dampfgarer bissfest garen.

In einer Pfanne Öl und Butter auf kleiner Stufe erwärmen, Majoran oder Oregano dazugeben und die Karotten zusammen mit einer Knoblauchzehe 2 Minuten lang darin schwenken. Die Knoblauchzehe anschließend mit einer Gabel gut zerdrücken und zurück in die Pfanne geben. Mit Salz und etwas Pfeffer abschmecken.

Alles gut vermischen und noch warm als Beilage zu Fleisch oder Eierspeisen servieren.

Parmesankörbchen mit Salat & Wachteleiern

Tulipani di parmigiano con insalata e ovette

Für 4 Personen:

200 g geriebener Parmesankäse
Ihr Lieblingssalat für 4 Personen
8 hart gekochte Wachteleier

Zeitaufwand: 20 Minuten für die Körbchen

Zubereitung:

Auf der Arbeitsplatte 4 umgedrehte Kaffeetassen oder Schälchen platzieren und eine kleine Pfanne auf höchster Stufe stark erhitzen.

50 g geriebenen Parmesankäse in der Pfanne verteilen und schmelzen lassen. Wenn der Käsefladen goldbraun geworden ist, mit einem flexiblen, beschichteten Heber vorsichtig aus der Pfanne nehmen, auf eine umgedrehte Tasse bzw. ein Schälchen legen und so modellieren, dass ein Körbchen entsteht. Im gleichen Verfahren 3 weitere Körbchen herstellen. Jeweils 5-8 Minuten erkalten lassen, vorsichtig von den Formen ablösen und beiseite stellen.

Den Salat nach Geschmack anmachen, in die Körbchen füllen und mit den Wachteleiern dekorieren.

Tipp:

In den Körbchen kann man auch Risotto oder die Tagliatelle mit Spargel von Seite 47 schön in Szene setzen. Bei dieser originellen Präsentation sind der Fantasie keine Grenzen gesetzt.

Artischocken mit Parmesan

Carciofi con farcia al parmigiano

Für 4 Personen:

4 Artischocken
2 l kaltes Wasser
Saft einer Zitrone
3 EL geriebener Parmesan
2 EL Semmelbrösel
Salz und Pfeffer
2-3 EL gehackte Petersilie
2 geschälte Knoblauchzehen
2 EL Olivenöl

Zeitaufwand: 20 Minuten Vorbereitung + 25 Minuten Backzeit

Zubereitung:

Wasser und Zitronensaft in eine Schüssel geben. Die holzigen Stiele der Artischocken bis auf 1 cm abschneiden und die harten äußeren Blätter entfernen. Von den Spitzen der übrigen Blätter ca. 2 cm abschneiden und die Artischocken sofort ins Zitronenwasser legen, damit sie nicht schwarz werden.

In einem Teller Parmesan, Semmelbrösel, etwas Salz und Pfeffer, Petersilie und fein gehackten Knoblauch vermischen.

Artischocken aus dem Wasser heben und abtropfen lassen. Die Blätter etwas auseinander biegen und das Heu aus der Mitte mit einem Löffel oder einem Apfelentkerner herausholen. Die Artischocken am Stiel fassen, mit der Spitze leicht auf den Tisch klopfen, bis sich die Blätter öffnen, und dann mit den Händen weiter ausbreiten. Anschließend mit dem Parmesangemisch füllen und aufrecht nebeneinander in eine ofenfeste Form stellen. Das Olivenöl über die Artischocken träufeln und im auf 180 Grad vorgeheizten Ofen 25 Minuten garen.

Tipp:
Am Ende der Garzeit mit einem Schaschlikspieß in die Artischocken stechen. Sie sind fertig, wenn der Spieß ohne Widerstand durchdringt.

Die Artischocke

Schmollende Artischocke,
in sich verschanzt.
Ein Gemüse,
das nichts zu lachen hat!
Dutzend kleine Blätter,
dicht an dicht,
schließen ihre Reihen.
Kleine kriegerische Schilder,
fest entschlossen,
die Zartheit ihres Herzens
nicht preiszugeben.
Und reicht das nicht,
so heben sie Dornen
an ihren Spitzen hoch,
ausgefahrene Krallen,
um den Kampf fortzusetzen.
Man braucht Geduld,
um Artischocken zu essen,
so sagt man dort,
woher ich komme.
Blatt für Blatt,
Stück für Stück
dich entkleiden,
dich entblößen.
Deine letzte Verteidigung fällt,
unser Genuss ist auf dem Gipfel.

Auberginen-Sandwiches

Panini di melanzane

Für 4 Personen:

1 kg Auberginen
Salz
Olivenöl
500 g reife Tomaten
2 Knoblauchzehen
6 Sardellenfilets
Basilikum
100 g Provolone dolce

Zeitaufwand: 30 Minuten unter Salz für die Auberginen
+ 10 Minuten Backzeit

Zubereitung:

Auberginen in runde, ca. 1 cm dicke Scheiben schneiden, mit Salz bestreuen, auf einem großen, flachen Teller auslegen und mit einem Brett bedecken. Einen Stein oder einige schwere Bücher auf das Brett legen und 30 Minuten stehen lassen, bis das überschüssige Wasser ausgetreten ist.

Auberginen unter fließendem Wasser abspülen, mit Küchenpapier gut abtrocknen und anschließend in einer Pfanne mit reichlich Olivenöl beidseitig goldbraun braten.

Tomaten 1 Minute blanchieren, dann die Haut abziehen, Samen entfernen und grob hacken.

Knoblauchzehen zerdrücken und in Öl andünsten, Sardellenfilets und Basilikum dazugeben. Nach 5 Minuten Tomaten, Salz und Pfeffer hinzufügen und bei mittlerer Hitze 10 Minuten köcheln lassen.

Eine ofenfeste Form mit Backpapier auslegen, das zuvor mit Öl bepinselt wurde.

Die Hälfte der Auberginenscheiben darauf verteilen, auf jede Scheibe etwas Tomatensauce und 1 Scheibe Provolone dolce geben. Mit den übrigen Auberginenscheiben bedecken und 10 Minuten in der auf 180 Grad vorgeheizten Röhre backen.

Auberginen ganz einfach

Melanzane facili facili

Für 4 Personen:

800 g Auberginen
1 Knoblauchzehe
4 EL Olivenöl
Salz
5 in Würfel geschnittene Tomaten
Basilikum

Zeitaufwand: 30 Minuten unter Salz für die Auberginen
+ 25 Minuten Zubereitung

Zubereitung:

Auberginen der Länge nach aufschneiden, ein wenig vom weißen Mark mit den Samen entfernen und in 1 cm große Würfel schneiden. Mit Salz bestreuen, auf einem großen, flachen Teller verteilen und mit einem Brett bedecken. Einen Stein oder einige schwere Bücher darauf legen und 30 Minuten stehen lassen, bis das überschüssige Wasser ausgetreten ist.

Auberginen unter fließendem Wasser abspülen und anschließend mit Küchenpapier gut abtrocknen.

In einer breiten Pfanne die Auberginenwürfel mit Knoblauch, Olivenöl und Salz goldbraun braten. Nach 10 Minuten Tomaten und Basilikum dazugeben.

Weitere 10 Minuten anbraten und als Beilage zu Fleisch warm servieren.

Pesche al vino rosso con gelato di vaniglia, Bavarese di pesche, Meloncini con gelato e frutti di bosco, Sorbetto tricolore, Pacchetti di mele, Coppa di melone con cocco grattugiato, Dolcetti alle mandorle, Zuccoli di cavallo integrali, Cassata Siciliana, Ciambella di noci, Arancie candite, Torta al ciaccolato con noci e arance candite, Sbrisolona di frutta secca, Soufflé al cioccolato, Crostata con noci e cioccolato

Nachspeisen
Dolci

Pfirsiche in Rotwein mit Vanilleeis

Pesche al vino rosso con gelato di vaniglia

Für 4 Personen:

4 Pfirsiche
4 Kugeln Vanilleeis
1 TL Speisestärke
250 ml Rotwein
2 EL Zucker
Minze oder Zitronenmelisse

Zeitaufwand: 25 Minuten

Tipp:
Als Füllung ist auch eine Mischung aus grob gehackten Amarettini oder Cantuccini möglich, die man dann mit einem Esslöffel Amaretto di Saronno mischt. Hinzu werden Schokoladentropfen gegeben. Mit dieser Mischung belegt man dann die Pfirsichhälften. Eine Eiskugel kann dazu serviert werden.

Zubereitung:

Pfirsiche in zwei Hälften schneiden und den Kern entfernen. Die acht Hälften in Rotwein und Zucker 5 Minuten lang kochen.

Anschließend die Pfirsiche aus dem Wein nehmen, den Wein mit Stärke bei schwacher Hitze zu einer dickflüssigen Sauce binden und als Spiegel auf einen Teller geben.

Die Pfirsichhälften mit den Eiskugeln in die Mitte legen und mit Minze oder Zitronenmelisse garnieren.

Pfirsich-Bavaroise

Bavarese di pesche

Für 4 Personen:

375 g reife Pfirsiche
35 + 20 g Puderzucker
5 g Gelatine (bei Dr. Oetker entspricht das 3 Blättchen)
100 g Schlagsahne
100 g Himbeeren zum Dekorieren

Zeitaufwand: 25 Minuten

Zubereitung:

Gelatine in kaltem Wasser einweichen und stehen lassen.

Pfirsiche schälen, entsteinen und 150 g davon im Mixer pürieren. Anschließend durch ein Sieb passieren und mit Puderzucker gut vermengen.

Die Gelatine ausdrücken, in einem Topf mit einem Esslöffel Wasser bei schwacher Hitze auflösen und ein paar Minuten lang stehen lassen. Dann vorsichtig den Fruchtbrei hinzugeben, zunächst aber nur ganz wenig nehmen und ständig mit dem Schneebesen durchrühren, damit die Gelatine beim Kontakt mit der kalten Pfirsichmasse nicht klumpt.

Sahne schlagen und mit einem Schneebesen vorsichtig unter den Fruchtbrei mischen. Auch hier gilt die Regel: anfangs nur kleine Mengen.

Schließlich in 4 Förmchen aus Silikon füllen und bis zum nächsten Tag in den Kühlschrank stellen.

Die restlichen Pfirsiche schälen und in Spalten scheiden, einige davon zum Dekorieren aufheben, die übrigen mit 20 g Puderzucker zu einer Sauce pürieren.

Pfirsichsauce als Spiegel auf den Tellern verteilen. Die Bavaroises einzeln darauf stürzen, mit Pfirsichspalten und Himbeeren dekorieren.

Die Melone

Unter dem Messer
kichert sie schon,
während ich hineinsteche,
und ist der Schnitt zu Ende,
so bricht sie in Gelächter aus.
Das groteske Maul reißt auf
mit seinen grünen Lippen,
dem tiefroten Gaumen
und zwei schönen Reihen
kleiner schwarzer Zähne.

Melonenkugeln mit Eis und Waldbeeren

Meloncini con gelato e frutti di bosco

Für 4 Personen:

2 kleine Melonen (ca. 1,5 kg)
300 g gemischte Waldbeeren
100 g Blaubeeren
2 EL + 50 g Zucker
Saft einer halben Zitrone
4 Kugeln Vanilleeis

Zeitaufwand: 30 Minuten

Zubereitung:

Die Melonen quer halbieren und die Kerne entfernen. Aus dem Fruchtfleisch mit einem Kugelmesser* Kügelchen stechen, ohne die Schale zu perforieren.

Die Melonenkugeln mit den Waldfrüchten in eine Schüssel geben, mit 2 EL Zucker bestreuen, mit Zitronensaft übergießen und vorsichtig vermischen. Die Blaubeeren mit 50 g Zucker zu einer Fruchtsauce mixen. In die leeren Melonenhälften zuerst die Fruchtmischung füllen, eine Kugel Vanilleeis darauf geben und schließlich mit der Blaubeersauce übergießen.

*Im Handel erhältlich – ein nützliches Instrument, mit dem man auch sehr gut z.B. Tomaten aushöhlen kann.

Drei-Farben-Sorbet

Sorbetto tricolore

Für 12 Personen:

1 l Wasser
500 g Zucker
300 g grüne Äpfel
300 g gelbe Äpfel
300 g rote Äpfel (ohne Kerngehäuse, aber nicht geschält)
einige Minzeblätter
1 Zitrone
1 Zimtstange und gemahlener Zimt
250 g Himbeeren

Zeitaufwand: 30 Minuten Zubereitung + mindestens 6 Stunden Kühlzeit

Zubereitung:

Am besten 6-8 Stunden vor dem Servieren zubereiten. Wasser mit Zucker, Zitronensaft und Zitronenschale 3 Minuten kochen lassen. Den Sirup filtern und abkühlen lassen.

Für das grüne Sorbet die grünen Äpfel mit 300 ml Sirup im Mixer pürieren, in der Eismaschine verarbeiten und ins Tiefkühlfach stellen.

Für das rote Sorbet die roten Äpfel mit Himbeeren und mit 300 ml Sirup pürieren und wie oben zu Eis verarbeiten.

Für das gelbe Sorbet die gelben Äpfel mit etwas Zimt und mit 300 ml Sirup pürieren und ebenfalls zu Eis verarbeiten.

Aus jedem Sorbet eine Kugel ausstechen und diese drei Kugel in einer Champagnerschale oder einem Eisbecher servieren. Vorher das grüne Sorbet mit Minzeblättchen, das rote mit Himbeeren, das gelbe mit Krümelchen von einer Zimtstange oder alle mit feinen Apfelspalten garnieren.

Tipp:

Wenn man keine Eismaschine zur Hand hat, vorbereitete Früchtepürees in Plastikbehälter geben und in die Tiefkühltruhe stellen, bis sie gefroren sind. Alle 30 Minuten mit einem Löffel durchrühren, damit sich keine großen Eiskristalle bilden.

Apfelpäckchen

Pacchetti di mele

Für 4 Personen:

4 Äpfel (Boskop)
4 Blätterteigscheiben (Tiefkühlware ca. 300 g)
1 Eiweiß
1 Eigelb
1 EL Milch
20 g weiche Butter
1 TL Zucker
1 EL Rosinen
30 g gehackte Walnüsse
1 Messerspitze gemahlener Zimt
Puderzucker zum Bestäuben

Zeitaufwand: 15 Minuten Zubereitung + 30 Minuten Backzeit

Zubereitung:

Die weiche Butter, Zucker, Rosinen, Walnüsse und Zimt miteinander vermischen. Die Äpfel schälen, das Kerngehäuse großzügig ausstechen und die Füllung in die Äpfel geben.

Nun die aufgetauten Blätterteig-Platten in Quadrate auswellen und die Äpfel darauf setzen. Die Ränder mit Eiweiß bestreichen, die Platten zusammenklappen und die Ecken dabei fest andrücken.

Das Eigelb mit der Milch verrühren und die Teigäpfel damit bepinseln. Im vorgeheizten Backofen bei 200 Grad ca. 30 Minuten backen.

Melonenbecher mit Kokosraspeln

Coppa di melone con cocco grattugiato

Für 6 Personen:

1 kg Wassermelone
800 g Galiamelone
1-2 EL ungesalzene Pistazien
Kokosmilch
Kokosraspeln

Zeitaufwand: 20 Minuten + mindestens 1 Stunde Kühlzeit

Zubereitung:

Melonen aufschneiden und Kerne entfernen.

Mit einem Kugelmesser Kugeln aus den Melonen herausstechen und in einem großen Eisbecher anrichten (dabei auf die farblichen Kontraste achten).

Pistazien für ein paar Minuten in heißem Wasser aufkochen und anschließend pellen. Die grünen Pistazien als Farbtupfer zwischen den Kugeln verteilen.

Mit Kokosmilch übergießen und mit den Kokosraspeln verzieren. Bis zum Verzehr im Kühlschrank kalt stellen.

Die Kokosnuss

Manche Menschen sind wie Melonen
ihre Schale hart und
geht man gut bewaffnet an sie heran
leicht ist es sie zu bezwingen.
Viel süßes erfrischendes Fruchtfleisch
in ihrem Inneren
doch welche Mühe
die viele kleine Samen herauszupicken!

Andere dagegen sind wie Pfirsiche beschaffen
trügerisch weich und saftig von außen
leichte Arbeit ist es sich durchzubeißen
schnell stößt jedoch der Zahn auf ihren harten Kern.

Anziehend und süß wie Kirschen
sind manche Leute
das Spiel mit Ihnen leicht und schnell
ihr Stein ist klein
und leicht ist er zu spucken
bescheiden aber dann die Ausbeute.

Gaetano, er war für Süditalien
exotisch wie eine Kokosnuss
braun, haarig, hart und unzugänglich.
Den Hammer brauchte man
um diese Nuss zu knacken
das süße, zarte Fleisch zu gut gehütet
die Arbeit wollte sich nicht jeder machen.
Schlecht verpacktes Geschenk
Diamant ohne Geometrie
von unzähligen Sandkörnchen berieselt
seine Palme vor kurzem verdorrt
versickert sein Saft
sein Schicksal besiegelt.

Mandelgebäck

Dolcetti alle mandorle

Für 6 Personen:

4 Eiweiß
1 Prise Salz
120 g geschälte, geriebene Mandeln
120 g Zucker
abgeriebene Schale von 2 Zitronen
2 EL Honig

Zeitaufwand: 10 Minuten + 15 Minuten Backzeit

Zubereitung:

Eiweiß mit Salz steif schlagen. Mandeln, Zucker, Zitronenschale und Honig vermengen und so viel Eiweiß unterrühren, bis eine geschmeidige, formbare Masse entsteht.

Ein Backblech mit Backpapier vorbereiten. Mit zwei Löffeln Häufchen formen und darauf legen. Bei 160 Grad (Umluft) circa 15 Minuten hell backen.

Tipp:
In Sizilien trinkt man dazu ein Gläschen Süßwein, z.B. Marsala, Zibibbo, Malvasia von den Liparischen Inseln oder Passito di Pantelleria.

Vollkorn-Hufeisen

Zoccoli di cavallo integrali

Für 8 Personen:

160 g weißes Mehl
160 g Vollkornmehl
170 g Butter
125 g Zucker
125 g kleingehackte Walnüsse
1 Eiweiß
2 Tütchen Vanillezucker
Zimt
Salz
Puderzucker

Zeitaufwand: 30 Minuten + 1 Stunde Ruhezeit für den Teig

Zubereitung:

Weißes Mehl und Vollkornmehl durchsieben, mit dem Zucker vermischen und auf einem Knetbrett aufhäufen. In die Mitte eine Delle drücken und 150 g weiche zerstückelte Butter, Eiweiß, je eine Prise Salz und Zimt, Vanillezucker und Walnüsse hineingeben, nach und nach vermischen und zu einem gleichmäßigen Teig verkneten.

Zum Ausruhen für 1 Stunde in den Kühlschrank stellen. Anschließend wieder auf das bemehlte Brett legen, zu fingerdicken Röllchen formen und zu Hufeisen biegen. Auf das gebutterte Backblech legen. Bei 190 Grad 15 Minuten backen. Mit Puderzucker überstäubt servieren, dazu warme Schokoladencreme oder Schokoladenstückchen reichen.

Sizilianische Cassata

Cassata Siciliana

Für 8–10 Personen:

Biskuit:
200 g Zucker
200 g Mehl
weiche Butter und Mehl für die Form
9 EL Maraschino (Kirschlikör)

Füllung:
800 g Ricotta
275 g Zucker
Mark einer halben Vanilleschote
250 g kandierte Früchte
100 g Zartbitter-Kuvertüre

Dekoration:
Mark einer halben Vanilleschote
50 g Zucker
50 g Pistazienkerne
500 ml kalte Schlagsahne
150 g kandierte Früchte

Zeitaufwand: 70 Minuten
+ 4 Stunden Kühlzeit

Zubereitung:

Für den Biskuit die Eier und den Zucker mit einem Handrührgerät verrühren. Im heißen Wasserbad 10 Minuten cremig aufschlagen. Das Gefäß aus dem Wasser nehmen und 10 Minuten weiterschlagen, bis die Masse kalt ist.

Nach und nach Mehl dazu sieben und vorsichtig unterheben. Den Boden einer Springform (26 cm Ø) einfetten, leicht bemehlen und die Masse einfüllen. Im vorgeheizten Backofen bei 180 Grad 40 Minuten backen. Dann die Form auf einem Gitter auskühlen lassen.

Für die Füllung den Ricotta gut abtropfen lassen. Zucker mit 200 ml Wasser und Vanillemark 10 Minuten kochen und anschließend 30 Minuten abkühlen lassen. Den warmen Zuckersirup unter den Ricotta rühren. Kandierte Früchte fein würfeln, die Kuvertüre fein hacken und beides unter die Ricottamasse heben.

Biskuit aus der Form lösen und zweimal waagerecht durchschneiden. Den unteren Boden auf eine Tortenplatte legen und mit 3 Esslöffeln Maraschino beträufeln. Die Hälfte der Ricottamasse darauf streichen, den mittleren Boden darauf legen, mit Maraschino beträufeln und die restliche Ricottamasse darauf streichen. Den letzten Boden obenauf legen, mit Maraschino beträufeln und andrücken.

Die Torte 4 Stunden kalt stellen.

Sahne, Vanillemark und Zucker steif schlagen. Die Torte damit gleichmäßig bestreichen, mit den kandierten Früchten belegen und den Rand mit gehackten Pistazienkernen verzieren.

Auf der dreieckigen Insel

Ricotta erstickt unter einer Marzipandecke.
Mandelgebäck ersäuft in Sonnentropfen.
Flüssig gewordene Sonne perlt aus Zitrusfrüchten.

Fata Morganas steigen empor aus gelben Steinen.
Fische auf Verkaufsständen: zum Absprung bereit.
Weiße Säulen heben sich ab im grellen Nachmittag.

Gesichter gegerbt wie Schuhsohlen,
Tränen salzig wie das Tote Meer,
hundert Jahre alte Tote,
ohne Echo auf ihre Klage.

Trinacria.
Blaues Meer und rotes Blut.
Du hast drei Ecken
und nur einen Ausweg.

Ciambella mit Walnüssen

Ciambella di noci

Für 8 Personen:

- 150 g Butter
- 150 g Zucker
- 2 Eier
- 3 Eigelb
- 8 g Trockenhefe
- Salz
- 200 g geschälte Walnüsse
- 100 g Mehl
- 30 g fein gemahlenes Maismehl
- 30 g Dinkelmehl
- Rohrzucker
- 150 g Joghurt
- 60 g Schlagsahne
- 1 EL Akazienhonig

Zeitaufwand: 80 Minuten

Zubereitung:

Die weiche Butter mit dem Zucker schaumig schlagen. Eier, Eigelb, Trockenhefe und ein wenig Salz dazugeben. Die verschiedenen Mehlsorten vermischen, 100 g Walnüsse im Mixer pulverisieren und alles unterheben. Die andere Hälfte der Walnüsse nur grob hacken, 2 Esslöffel davon aufheben und den Rest unterrühren.

Eine Kranzform (20 cm Ø) mit Butter ausstreichen und mit Zucker bestreuen. Den Teig hineingießen, mit den übrigen Walnusskörnchen bestreuen und im auf 170 Grad vorgeheizten Backofen 50 Minuten lang backen.

Nach dem Herausnehmen 5 Minuten ruhen lassen, auf ein Gitter stürzen und abkühlen lassen. Mit einer Creme aus Joghurt, geschlagener Sahne und Akazienhonig servieren.

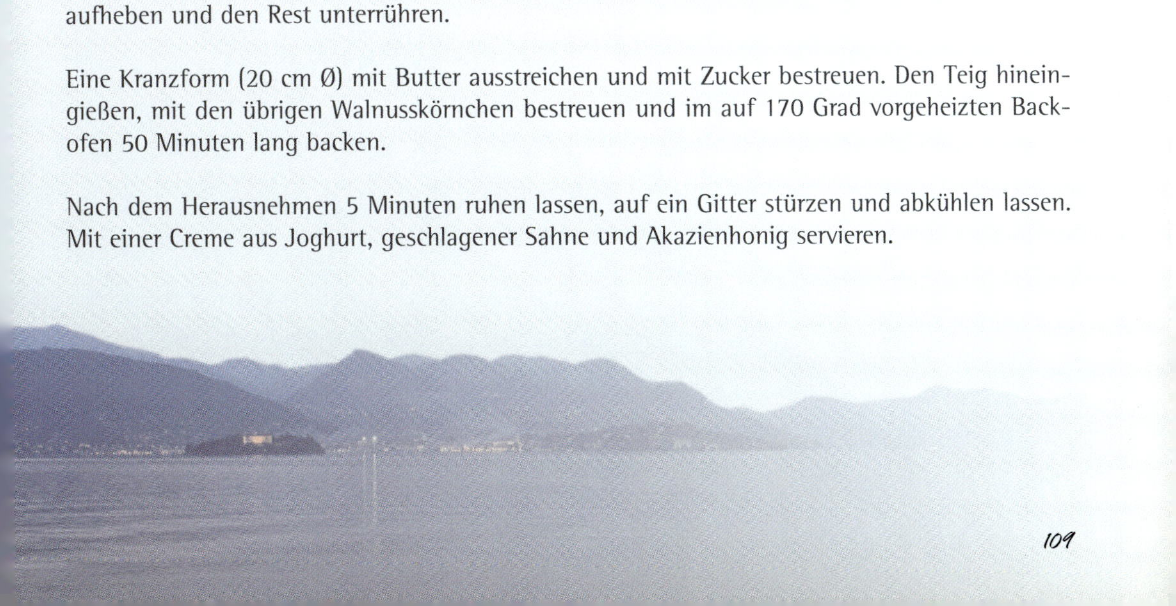

Kandierte Orangen

Arancie candite

Für 10 Personen:
6 unbehandelte Orangen
150 g Zucker

Zeitaufwand: 4 Tage zum Einlegen der Schalen im Wasser + 25 Minuten Zubereitung

Zubereitung:
Orangen schälen, dabei das weiße Innere entfernen und die Schalen in streichholzdünne Streifen schneiden.

Für 4 Tage in Wasser legen, dieses gelegentlich wechseln. Schließlich kurz aufkochen und zum Abtropfen auf ein Tuch legen. Zucker mit wenig Wasser in einen Topf geben und bei starker Hitze verflüssigen. Wenn der Zucker zu karamellisieren beginnt, die Orangenstäbchen hinzugeben und warten, bis sie eine intensive und gleichzeitig transparente Farbe angenommen haben. Zum Abkühlen auf ein Gitter legen.

Tipp:
Eine leckere Süßigkeit, die sich in einer Blechdose sehr lange hält. Klein gewürfelt kann man sie als Orangeat benutzen, was viel aromatischere Kuchen, Plätzchen, Stollen u.s.w. ergibt.

Noch verführerischer:
Die Orangenstäbchen nach dem Abkühlen in flüssige Schokolade tauchen.

Schokoladentorte mit Nüssen und kandierten Orangen

Torta al cioccolato con noci e arance candite

Für 8 Personen:

200 g Nougatschokolade
100 g Zucker
50 g Walnusskerne
40 g Mehl
5 Eier
6 Scheiben kandierte Orangen
Puderzucker
Butter

Zeitaufwand: 45 Minuten

Zubereitung:

Die Schokolade im Wasserbad schmelzen. 30 g Walnüsse fein hacken und die schönsten zum Dekorieren aufheben.

Die Eigelbe mit dem Zucker verschlagen, vorsichtig die geschmolzene Schokolade unterrühren und anschließend Mehl und gehackten Walnüsse zufügen.

Eiweiß zu festem Schaum schlagen und unterheben. Eine Springform (20 cm Durchmesser) mit Butter einstreichen und den Boden zusätzlich mit gebuttertem Backpapier bedecken. Den Teig einfüllen und bei 160 Grad 30 Minuten backen.

Nach dem Abkühlen aus der Form nehmen. Mit den Orangenscheiben und den Walnusshälften verzieren und Puderzucker darüber stäuben.

Bröselkuchen aus Trockenobst

Sbrisolona di frutta secca

Für 8 Personen:

300 g Weizenmehl
150 g Butter
80 g geschälte Mandeln
75 g Polentamehl
50 g geschälte Walnüsse
50 g geschälte, geröstete Haselnüsse
1 EL Zucker
1 Ei
1 Eigelb
1 TL Trockenhefe
1 Päckchen Vanillezucker
Salz
Butter für die Form

Zeitaufwand: 60 Minuten

Zubereitung:

Für die Dekoration einige Mandeln, Walnüsse und Haselnüsse aufheben. Den Rest im Mixer nicht allzu klein hacken und mit Zucker vermischen.

In einer Schüssel das Weizenmehl mit Butter so vermengen, dass grobe Krümel entstehen. Nach und nach das Polentamehl, die Mandel-Nuss-Mischung, Trockenhefe, Vanillezucker, etwas Salz, Ei und Eiweiß untermengen und kneten, bis ein krümeliger Teig entsteht. Mit den Händen in eine gebutterte Form (26 cm Ø) hineindrücken.

Anschließend mit den zurückbehaltenen Mandeln und Nüssen garnieren und 30 Minuten im auf 170 Grad vorgeheizten Backofen backen. Die Temperatur auf 220 Grad erhöhen und weitere 10 Minuten fertig backen. Vor dem Servieren abkühlen lassen.

Fremde Frau

Ein Sonntag wie viele.
Ein Restaurant in Cilento
wie hunderte hier im Süden.
Kindergeschrei, Gelächter und Gespräche.
Gegenüber ein leerer Stuhl
und vor dir ein Meer, glatt und frisch
wie deine Tischdecke.
In der Sonne glitzern Meer,
Messer, Gabeln, Gläser und
geschmorte Calamari.
Nur nicht dein Gemüt.
»Eine fremde Frau allein im Restaurant?«
Männerblicke umschlingen dich
mit ihren Tentakeln.
Frauen, die Augen machen wie Sardellen im Netz,
würden am liebsten ihren Platz mit dir tauschen.
»Das schmeckt wie ein Gedicht.«
Dein Essen aber schmeckt dir
so fade wie Selbstmitleid.
Tränen tropfen in den Teller
und runden den Geschmack der Soße ab.
Der, der dich anschließend fragt,
ob du Pfirsiche willst,
ist eigentlich nur an deinen zwei Melonen interessiert.
Stehst auf und gehst. Die Treppe rauf.
Deinen Rücken stechen hundert Augen.
Hundert Nadeln, die dir etwas anheften wollen.

Schokoladensoufflé

Soufflé al cioccolato

Für 4 Personen:

4 Eier
100 g bittere Schokolade
1 EL Wasser
60 g Butter
30 g Kakao
100 g Puderzucker
Kristallzucker für die Förmchen

Zeitaufwand: 30 Minuten

Zubereitung:

Schokolade mit Wasser im Wasserbad schmelzen und die Eier trennen. Zuerst Butter, dann Eigelb zur geschmolzenen Schokolade hinzufügen und das Gefäß aus dem Wasserbad nehmen. Eiweiß zu steifem Schnee schlagen, dann Puderzucker mit dem Schneebesen einrühren. Diese Baisermischung unter die abgekühlte Schokolade heben.

6 Souffléförmchen mit Butter einfetten und mit Kristallzucker bestreuen. Zu 3/4 mit der Schokoladencreme füllen und im vorgeheizten Backofen bei 180 Grad 8 Minuten backen.

Zwei Saucenvarianten zum Servieren:

Schokoladensauce:

100 g Puderzucker
50 g Kakaopulver
100 ml Sahne
evtl. Orangenstreifen zum Garnieren

Zubereitung:
In einem Topf Kakaopulver und Puderzucker vermischen, Sahne einrühren und die Mischung 5 Minuten kochen, bis die Flüssigkeit um die Hälfte reduziert ist.

Englische Sauce:

2 Eier
75 g Zucker
1 TL Speisestärke
250 ml Milch

Zubereitung:
Eier mit Zucker und Stärke schaumig rühren, warme Milch hinzugeben und gut verrühren. Auf dem Herd bei schwacher Hitze vorsichtig verrühren, aber nicht aufkochen lassen. Sauce erkalten lassen.

Tipp:
Sollte die Sauce trotzdem verklumpen, sofort mit dem Mixer auf höchster Stufe verquirlen.

Mein Schokoladensoufflé

Entdecken, dass unter harten Krusten
immer ein weiches Herz verborgen ist.
Ich steche hinein.
Die braune Seele bahnt sich ihren Weg,
ringt mit dem Puderzucker, ufert aus,
hält einen Expansionszug über den ganzen Teller.
Kolonisationsträume brechen sich an den Rändern.
Jetzt hat es seine Seele ausgeschüttet.

Tarte aus Walnüssen und Schokolade

Crostata con noci e cioccolato

Für 6 Personen:

Teig:
400 g Mehl
200 g Butter
150 g Zucker
40 ml Milch
1 Ei
Salz

Füllung:
300 g geschälte Esskastanien
200 g Zucker
100 g geschälte, grob gehackte Walnüsse
100 g bittere Schokolade
100 g Ahornsirup
100 g Sahne
30 g Butter
2 Eier
125 ml Milch

Zeitaufwand: 120 Minuten

Zubereitung:

Die Kastanien knapp mit Wasser bedecken und so lange kochen lassen, bis sie alles Wasser aufgesogen haben und weich, aber nicht breiig geworden sind.

Inzwischen den Teig vorbereiten. Dafür das Mehl mit der weichen Butter verkneten, bis eine gleichmäßige Krümelmasse entstanden ist. Diese auf einem Knetbrett zu einem Häufchen formen und in die Mitte eine Delle drücken. Ei, etwas Salz, Zucker und Milch nach und nach in die Delle geben, erst vorsichtig, dann immer kräftiger verkneten. Der fertige Teig soll die Konsistenz eines Mürbteigs haben. Im Kühlschrank für eine Stunde kalt stellen.

Für die Füllung zunächst die zerstückelte Schokolade im Wasserbad schmelzen, dann in einer Kasserolle den Zucker mit 1-2 Esslöffeln Wasser erhitzen, bis er schön braun karamellisiert ist. Sahne zufügen und gut verrühren. Die gekochten, aber nicht abgetropften Kastanien, geschmolzene Schokolade, karamellisierten Zucker, Ahornsirup, ein Ei, weiche Butter und Walnüsse in eine Schüssel geben, alles vermengen und zum Abkühlen in den Kühlschrank stellen.

Den Teig auf 3 mm ausrollen und damit eine Tarte-Form auskleiden. Etwas Teig für die Dekoration aufheben. Die Kastanienfüllung darauf verteilen und mit einem Gitter aus Teigstreifen überdecken. Die Teigstreifen mit verschlagenem Ei überpinseln und 25 Minuten bei 200 Grad backen. Die Temperatur anschließend auf 180 Grad senken und in weiteren 30 Minuten fertig backen.

Die Autorin

Silvana Cozzuto wurde in Neapel geboren und lebt schon seit vielen Jahren mit ihrem Mann in Deutschland, wo sie eine wachsende Fangemeinde mit kulinarischen und literarischen Kunstwerken begeistert. Bei Gräfe & Unzer erschienen bereits 2002 *Italienische Familienrezepte* mit neapolitanischen Rezepten und Geschichten.

Besonders möchte ich mich bei Martin Droschke bedanken, der mir beständig mit Kritik und Rat bei der Realisierung dieses Projektes zur Seite stand.

Silvana Cozzuto

Register Gedichte

Register Rezepte A–Z

K

M

N

P

R

Bildnachweis

Getty Images: Seite 60

Istockphoto: Titel, Seite 4/5, 6/7, 8/9, 10/11, 13, 15, 16/17, 18/19, 21, 22/23, 24/25, 26/27, 29, 30/31, 33, 34/35, 37, 38, 40, 42/43, 45, 46/47, 48/49, 50, 51/52, 54/55, 57, 58, 60, 63, 65, 67, 69, 70/71, 72/73, 75, 76/77, 78, 80, 83, 84/85, 86/87, 88/89, 90/91, 92/93, 95, 96/97, 98/99, 100/101, 102/103, 104/105, 106/107, 108/109, 110/111, 112/113, 114/115, 116

The Pepin Press: Seite 28

1000 Gemälde – Digitale Bibliothek: Seite 43 (»Adam und Eva« von Albrecht Dürer, 1507)

Amore al dente

Rose Marie Donhauser

Er ist hingerissen von ihr, sie dagegen peinlich berührt: Als sich Francesca und Giovanni zum ersten Mal auf dem Markt begegnen, schnappt er ihr versehentlich die Trauben weg. Trotzdem ist das der Beginn der großen Liebe zwischen zwei begeisterten Köchen. Von nun an leben sie diese Leidenschaft gemeinsam aus und verwöhnen sich gegenseitig. *Amore al dente* ist eine typisch italienische Liebesgeschichte voller Leben und Lebensfreude.

Rose Marie Donhauser schreibt nicht nur über verführerisch leckeres italienisches Essen, sondern liefert auch gleich die Rezepte zum Nachkochen. Eine breite Auswahl von ausgefallenen Antipasti über alle Arten von Fleisch- und Fischgerichten bis hin zu sündig köstlichen Nachspeisen lässt das Herz jedes (Hobby-) Kochs höher schlagen.

Die außergewöhnliche, liebevolle Gestaltung von Mirjam Schuster im Retro-Design der 50er und frühen 60er Jahre macht *Amore al dente* auch zu einem optischen Leckerbissen.

Die Autorin:
Rose Marie Donhauser, geboren 1959, wurde bereits früh von der Leidenschaft zu kochen gepackt. Nachdem sie im elterlichen Landgasthof die Grundlagen gelernt hatte, führte ihre Karriere als Köchin und Hotelfachfrau sie durch ganz Europa. Seit ihrer Familiengründung ist sie freiberufliche Fachjournalistin für kulinarische Themen und hat über 130 Kochbücher veröffentlicht. *Amore al dente* ist ihr erstes Buch im ars vivendi verlag.

Rose Marie Donhauser
Amore al dente
Eine Liebe in Rezepten
Illustriert von Mirjam Schuster
Format 17 x 23 cm
ISBN 978-3-89716-815-2